U0032402

Das Kapital

資本論

完全使用手冊

版本、系譜、爭議與當代價值

萬毓澤

目次

自序

什麼是經典？先說兩則故事。

美國社會學巨擘帕森斯（Talcott Parsons）的學生流傳一則故事：不論再怎麼忙，帕森斯每年一定會挪出時間重讀涂爾幹的《宗教生活的基本形式》，思索「社會學是什麼」的根本問題。

法國人類學大師李維史陀（Claude Lévi-Strauss）在他那本文筆優美如詩的《憂鬱的熱帶》中則說，每當他要思考新的社會學問題，總會先重讀幾頁馬克思的《路易・波拿巴的霧月十八日》和《政治經濟學批判》。[1]

我當然無意以上述兩位宗師級人物自況，但對我來說，《資本論》確實具有類似的地位。我在大學部及研究所的課程曾多次重讀《資本論》（但很可惜，只有第一卷，至今還沒有機會帶學生讀完二、三卷），幾乎每次重讀都有新的感受與收穫。這是閱讀其他經典少有的經驗。

---

1 《政治經濟學批判》（第一分冊）是馬克思1859年出版的首部政治經濟學專著。馬克思原本打算出版六個分冊，分別處理資本、土地所有制、雇傭勞動、國家、對外貿易、世界市場等問題，但後來調整了寫作計畫，改為出版三卷四冊的《資本論》。見第三章的討論。

我認為《資本論》之所以是經典，主因有二。首先，《資本論》的影響力幾乎遍及所有人文社會學科，不論是否同意馬克思的方法或論點，它始終是許多研究者「影響的焦慮」（借用 Harold Bloom 的用語）的來源之一。其次，由於《資本論》的內容異常豐富，不論從哪個時代、哪個學科的角度切入，幾乎都能找到對話空間，或讀出前人（還）未讀出的新意。這也是我選擇以《資本論》為寫作主題的主因。

華勒斯坦（Immanuel Wallerstein）近來接受訪談時，給了年輕人中肯的建議：要盡量閱讀馬克思本人的著作，而不是閱讀「關於」馬克思的著作（Wallerstein, 2018）。雖然這本書也是「關於」馬克思的作品，但我的寫作風格是盡量引用馬克思的原始文句（當然是譯本），而不是由我代言或「超譯」。我希望透過這種行文方式，能讓讀者或多或少接觸到馬克思作品的精華。也因此，所有我完整引用的文句段落皆有深意存焉，盼讀者能細細品味。

過去一年來，台北哲學星期五、聯經出版公司、東海大學社會學系、香港馬克思節（Marxism Festival HK）、成功大學圖書館都曾邀請我以《資本論》為題演講。感謝這些單位的邀請，以及多位聽眾在現場及會後的提問與交流。希望這本書沒有辜負你們的期待。

謹以此書紀念馬克思誕生兩百週年。

第一章
導論：「嗨！我回來了！」

　　使實際的資產者最深切地感到資本主義社會充滿矛盾的運動的，是現代工業所經歷的週期循環的各個變動，而這種變動的頂點就是普遍危機。這個危機又要臨頭了，雖然它還處於預備階段；由於它的舞台的廣闊和它的作用的強烈，它甚至會把辯證法灌進新的神聖普魯士德意志帝國的暴發戶們的頭腦裡去。（Marx, 2017a: 14）

　　馬克思作品受重視的程度，大致與經濟的興衰呈現「負」相關。十年來陸續出現的次貸危機、歐債風暴、國際政治經濟動盪，乃至全球日益嚴重的社會經濟不平等及其引發的「另類全球化」（altermondialisation）運動，都在多國掀起了「馬克思熱」。這類「回到馬克思」的呼聲，也反映在學術界的出版活動。近幾年陸續出版幾部有份量的馬克思傳記（Sperber, 2014；Stedman Jones, 2016；Musto, 2018；Liedman, 2018），就是明顯的例子。

　　馬克思最重要的代表作是《資本論》。這股馬克思熱，也理所當然地讓《資本論》再度成為學術、政治與社會運動界關注的對象。舉例來說，各種社群媒體使用者經常轉發或評論知名

馬克思主義地理學者David Harvey的線上《資本論》課程。[1]又
如2007-8年金融危機時，《資本論》甚至成為德國的暢銷書和聖
誕禮品。當時德國還出版了一本熱銷的漫畫馬克思傳記，書名是
《嗨！我回來了！》（*Grüß Gott! Da bin ich wieder!*），相當生動地
傳達了晚近的馬克思熱。最有意思的，或許是2015年的威尼斯雙
年展。該年主題是「全世界的未來」（All the World's Futures），
在六個半月的展期內，策展人Okwui Enwezor邀請藝術家到現
場朗讀三卷《資本論》，並策劃了一系列與《資本論》有關的活
動。Enwezor說，「我把馬克思帶來雙年展，因為他正在對今天
的我們說話」（Favilli, 2016: xvii）。

　　台灣也有類似的現象。近幾年來，從左翼視角針砭資本主義
體制的著作，如Thomas Piketty的《二十一世紀資本論》（Piketty,
2014）和Harvey的《資本社會的17個矛盾》、《資本思維的瘋
狂矛盾》（Harvey, 2016, 2018）都引起不少讀者的注意；2014年
Piketty來台的訪問甚至座無虛席，儘管我在當時也指出「他的
研究取徑與理論架構和馬克思幾乎沒有共通之處，《二十一世紀
資本論》在任何意義上都不是《資本論》的延續或更新」（萬毓
澤，2014）。但可惜的是，一般讀者對《資本論》本身的興趣似
乎不是很大。[2]

　　台灣解嚴前後，對馬克思的研究已逐漸不再是禁忌，民間及
學界也開始引進「西馬」、「新馬」、「後馬」等各種思潮。馬克

1　見http://davidharvey.org/reading-capital/。

2　成立於2004年的「台灣《資本論》研究會」是少數的例外。許登源（1937-2009，
　　筆名為何青）的《現代辯證法：《資本論》新說》是該研究會在台灣活動的主要成
　　果（見何青，2007）。

思的《資本論》中譯本就是在這個氛圍下，由時報文化出版公司在1990年引進台灣。但三十年下來，保留在學院內的馬克思學說已顯得貧弱蒼白。社會科學界大概已沒有任何學科會指定學生完整閱讀《資本論》，更不用說《資本論》的各式手稿了。即使是將馬克思視為「古典三大家」（或四大家）之一的社會學，通常也只要求學生閱讀《資本論》第一卷的一小部分，瞭解「價值」、「使用價值」、「商品拜物教」、「原始積累」等概念。馬克思呈現的面目，主要是一個對資本主義扭曲人性發出不平之鳴的「異化」理論家，或對無所不在的「商品拜物教」進行文化批判的哲學家，但馬克思的政治經濟學批判卻缺席了。[3] 要求學生通讀《資本論》三卷的學科或課程，恐怕如鳳毛麟角了（學生私下組織的讀書會不在此限，包括筆者大學時代參加的社團）。

　　2017年是《資本論》第一卷出版一百五十週年，也舉辦了多場國際會議討論這部經典。比如說，2017年5月，加拿大約克大學（York University）主辦了「一百五十年後的《資本論》」國際研討會，討論《資本論》的當代價值。會議主題包括《資本論》在全球的擴散與繼受、《資本論》的政治意涵、超越勞動與資本、新的批判基礎、拓展《資本論》的批判、未來社會的要素、過去與現在的資本主義等。2017年9月，倫敦大學國王學院（King's College London）也主辦了「馬克思的《資本論》在今日」國際會議，主題則有「危機」、「帝國主義」、「反資本主義鬥爭」、「資本的未來」、「勞動及其超越」等。這些主題充分反

---

3 如洪鎌德（2015: 439, 437-8）便主張「不再以政治經濟學的『科學觀點』來看待馬克思的學說」，並認為馬克思學說的意義主要在於批判「物質主義、拜金主義、功利主義」，目標是「對抗資本主義物慾氾濫」。

映了《資本論》的豐富內涵及深遠影響：除了對批判當代資本主義提供源源不絕的思想資源外，還能為我們思考「資本主義以外或以後的社會」帶來啟發。

在國際上對《資本論》的討論方興未艾之際，台灣聯經出版公司也在2017年引進了《資本論》的繁體中譯本（中共中央編譯局的最新譯本，由我修改了十餘處翻譯）。本書算是延續了這股風潮。我希望盡可能全面地闡述《資本論》的寫作歷程、版本、結構與方法、戰後知識系譜、核心議題等問題。唯有透過反覆、多面的閱讀，才能讀出經典的底蘊，得到智識與實踐的啟發。

以下簡單介紹本書的章節安排。

第二至五章大致是我2017年為聯經版《資本論》撰寫的長篇導論，但有一部分改寫。在這四章中，我介紹了《資本論》的創作史與版本問題、恩格斯的編輯工作、《資本論》的結構與邏輯、《資本論》在二戰後歐美的繼受狀況，以及對《資本論》常見的誤讀。讀完這四章，應足以建立一幅以《資本論》為核心的知識地圖，以及一套理解《資本論》的方法論。這四章中以第三章〈《資本論》的結構與邏輯：無三不成「理」〉最為困難。該章處理了大量的研究文獻，試圖勾勒出《資本論》的內在邏輯。限於篇幅，有些議題只能點到為止（例如馬克思與黑格爾的複雜關係），希望讀者能根據本書的討論按圖索驥。

第六至八章則是專為本書而寫，試圖從多重視角（文學、政治、經濟、歷史、生態）閱讀《資本論》。

瀏覽過《資本論》第一卷的讀者，應該都會對馬克思的文采與廣博的文學知識印象深刻。在論戰著作《福格特先生》（*Herr Vogt*，1860）中，馬克思更是將文學素養發揮得淋漓盡致，在書

中不僅援引了莎士比亞、但丁、西塞羅、維吉爾、塞萬提斯、哥德、海涅、拜倫、席勒、伏爾泰、雨果等經典的對白、情節和人物，更信手拈來，穿插了許多中古高地德語（*Mittelhochdeutsch*）的詩歌作品。Musto（2018: 125-6）說得很好：馬克思之所以對《福格特先生》這種相對次要的作品耗費不成比例的寫作精力與修辭技巧，反映了馬克思人格中兩個重要的面向。首先，是他「終其一生都極為重視作品的風格與結構」，且對論敵作品的平庸乏味深感不耐；其次，不論對手名氣地位如何，他總是試圖「摧毀對方」，盡可能「讓對方無法反駁自己的主張，以迫使對方俯首稱臣」。而運用（近乎炫學的）文學知識與修辭來強化論證的力道，正是馬克思在古典社會科學家中獨樹一幟的風格。

　　本書第六章就是試圖從文學的視角來解讀《資本論》（第一卷）。莎士比亞是馬克思最欽慕的作家，《資本論》第一卷也不時穿插莎士比亞的文句，因此這一章就從討論莎士比亞開始。讀完這個部分，相信對文學涉獵不深的讀者也會想借閱莎士比亞的著作集，認識一下馬克思眼中「最偉大的戲劇天才」；有文學背景的讀者，則能貼近另一個面向的馬克思與《資本論》，並更認識其文字風格。除了莎士比亞，還有但丁。我特別引介了加拿大學者William Clare Roberts精彩的近作《馬克思的地獄：《資本論》的政治理論》（*Marx's Inferno: The Political Theory of Capital*）。由於Roberts試圖將《資本論》第一卷解讀為**現代版的《神曲》**，我將介紹他如何在《資本論》第一卷和《神曲》之間建立起嚴格的結構平行關係。熟悉但丁的讀者不妨自行判斷Roberts的論證是否合理。

　　第七章則試圖讀出《資本論》及馬克思部分其他著作的政治

意涵。我仍然花了不少篇幅與 Roberts 的《馬克思的地獄》對話。Roberts 從新共和主義的角度，認為《資本論》勾勒出一種「無支配」（non-domination）式的自由觀。我一方面肯定 Roberts 的解讀，但也指出其不足。對我而言，馬克思的自由觀仍然有強調「追求自主」、「自我實現」、「（集體）自主」的一面，也就是「積極」自由的那一面。第七章之所以多費了些筆墨討論馬克思的自由觀，主要是因為許多人習慣將馬克思（主義）或左翼視為追求「平等」，而右翼則重視「自由」。但將「平等」與「自由」割裂並對立起來，對馬克思而言是不可思議的。馬克思和恩格斯投入的共產主義者同盟於 1847 年 9 月出版機關刊物《共產主義雜誌》（*Kommunistische Zeitschrift*），發刊詞有段文字如今已不太為人所知：

> 現代無產者的目的……是要建立一個使每個人都能自由而幸福地生活的社會。……我們不是主張消滅個人自由（*persönliche Freiheit*），並把世界變成一個大兵營或一個大習藝所的共產主義者。誠然，有這樣一些共產主義者，他們只圖省便，認為個人自由有礙於和諧（*Harmonie*），主張否定和取消個人自由。但是，我們不願意拿自由去換取平等。我們堅信，而且在下幾號上還要證明，任何一個社會都不可能比公有制社會[4]有更大的個人自由。（Schapper et al., 1983: 122, 124）

---

4 「公有制社會」的原文直譯是「建立在 *Gemeinschaft* 之上的社會」。*Gemeinschaft* 也有「共同體」的意思。

　　諷刺的是，在二十世紀流行的反而是這些觀點：「共產主義社會中的個人沒有地位」、「馬克思設想的後資本主義的工人聯合體是一個破壞自由的社會、一個沒有公民權利和政治保障的壓迫政權」（Musto, 2015: 513，中譯略有修改）。透過與Roberts等人的對話，我希望讀者更深入理解《資本論》的政治理論（political theory of *Das Kapital*），尤其是與「自由」有關的理論觀點，而不是將《資本論》視為單純的經濟著作。此外，第七章也討論了《資本論》的政治（politics of *Das Kapital*）。我分析了政治因素與《資本論》寫作歷程的交互影響。閱讀本章，讀者會更瞭解馬克思投入的政治運動（特別是他與憲章運動左翼、第一國際的密切關係）如何影響了他的寫作，而他的寫作又如何回饋到他的政治實踐之中。

　　第八章則是處理晚期（《資本論》第一卷出版後）的馬克思，核心問題有二。一是恩格斯對《資本論》的編輯工作是否影響、如何影響後人對馬克思的理解，尤其是馬克思重要的經濟理論遺產：「危機理論」？二是馬克思為何始終未能寫完《資本論》？甚至讓部分論者有「逃避《資本論》」之譏？我試圖刻畫出這樣的圖像：馬克思晚年並沒有放棄《資本論》的寫作，但透過大量的閱讀與筆記（古代社會史、歐洲史、東方社會、自然科學……），他既延續了政治經濟學的寫作計畫，又在眼界上有所提升。於是我們看到，晚年馬克思的史觀更為開闊，甚至納入了生態視野。

　　最後是三點提醒與說明。

　　其一，凡引用馬克思中譯文處，我都盡可能對照了原文（多為德文，少部分為其他語言），並在必要處列出原文或改譯。若

要深入掌握馬克思，不能不重視語言問題。

　　其二，本書不是三卷《資本論》的「入門」、「導論」或「要點整理」，而是試圖追溯《資本論》的寫作歷程、版本、結構與知識系譜，並從多重視角展開解讀。[5]換言之，本書極嚴肅地將《資本論》當成「經典」對待，設法讀出新意。如果您完全沒有讀過《資本論》，可能會覺得本書過於艱澀，因為我不斷透過各種學科及語言的文獻來與這部經典對話；但如果已經對《資本論》有初步認識，相信您可以在閱讀的過程中體會這部經典的廣博、深刻與歷久彌新。

　　其三，本書不是「社會學」著作。雖然我在社會學系任教，但學科邊界對我而言意義不大。您在本書中可以讀到與社會理論、政治經濟學、政治思想、社會科學哲學、學術史等各領域有關的討論。我樂見讀者依自己的興趣「各取所需」。但既然本書不是入門書，您也得有「各盡所能」、悉心閱讀的心理準備。借用 Liedman（2018: xii）的話，我希望，透過本書對《資本論》創作史、結構與邏輯、版本與影響的耙梳，再佐以政治、經濟、文學、歷史、生態等多重視角的燭照，能讓您不僅認識「**那個時代的馬克思**」，也能理解「為什麼馬克思**今天**仍然是重要的靈感來源」。

---

5 如果想初步瞭解《資本論》三卷的論點，可參考如袁輝（2018）；姜相求（2014）；聶錦芳、彭宏偉（2013: 98-124）；Smith（2017，按：此書只介紹第一卷）；久桓啟一（2007，按：此書只介紹第一卷）；Find and Saad-Filho（2016）；Choonara（2017，按：此書只介紹第一卷）；Booth and Sewell（2018，按：此書只介紹第一卷）；Heinrich（2012）；大谷禎之介（2018）；Harvey（2018：第二章）。

第二章
到《資本論》之路：
寫作歷程、版本與恩格斯的編輯

馬克思的政治經濟學研究歷時數十年。1843年底開始，他陸續在巴黎、布魯塞爾、曼徹斯特密集研究政治經濟學，留下1843-45年筆記（巴黎筆記）、1845-47年筆記（布魯塞爾筆記）和1845年7-8月筆記（曼徹斯特筆記）；1850年起，在倫敦繼續進行研究，留下1850-53年筆記（倫敦筆記）及針對經濟危機問題的1857-58年筆記（危機筆記）。這些筆記，收錄在《馬克思恩格斯全集》歷史考證版第二版（*Marx-Engels-Gesamtausgabe*，一般簡稱為MEGA²）的第四部分「摘錄、筆記和旁注」（Exzerpte, Notizen, Marginalien），是瞭解馬克思思想發展的珍貴資料。[1]

除了筆記外，更重要的是MEGA²的第二部分「《資本論》及其準備著作」（*Das Kapital* und Vorarbeiten），共15卷19冊，收錄了（1）1857-1867年以《資本論》為主軸的手稿（最知名的是

---

1 MEGA²不僅呈現出「馬克思在總體思想過程中所做的巨大努力」，也提供了更多第一手資料，讓我們認識「一個以前閱讀中未曾見過的馬克思：最後的通才（*Universalgelehrter*）」（Neuhaus and Hubmann, 2015: 340，中譯略有修改）。關於MEGA²的出版歷程、重要性及意義，可參考如Musto（2007）、Bellofiore and Fineschi（2010）、劉仁勝（2015）、魯克儉（2016）。

1857-1858年、1861-1863年和1863-1865年的「三大手稿」）及
1867-1882年為《資本論》二、三卷撰寫的手稿；（2）馬克思生
前出版的《資本論》第一卷第一版及其修訂本（第二版）、修訂
稿，和馬克思親自校訂的法文譯本；（3）馬克思逝世後，經恩
格斯修訂的《資本論》第一卷（德文第三版、英文版、德文第
四版）、恩格斯編輯出版的《資本論》二、三卷，以及恩格斯的
編輯稿。馬克思的經濟學筆記、手稿、編輯出版歷程及收錄在
MEGA²的狀況見表一（可參考如徐洋，2014, 2016, 2017, 2018；
李銳，2014；張鐘樸，2012, 2013, 2014a, 2015a, 2015b, 2016,
2017, 2018；Heinrich, 2010, 2016；Hecker, 2010；Roth, 2010；
Musto, 2010a；Anderson, 2010）。[2]

　　目前學術界大致認為，要完整瞭解及評估馬克思的政治經
濟學理論，必須將馬克思正式出版的著作和未出版的手稿視為
一個逐步開展、修正、深化的整體（Krätke, 2005）。從這個角
度來看，《資本論》不是一部已經完成的封閉體系，而是一組龐
大、開放的**手稿及著作群**。這並非偶然，因為馬克思的自我要求

---

2 我參考了徐洋（2018: 72）的整理，將收錄在《馬克思恩格斯全集》中文第二版的
　馬克思《資本論》及手稿詳列如下：
　・第30-31卷：1857-1858年經濟學手稿、1859-1861年經濟學著作、手稿（已出版）
　・第32-37卷：1861-1863年經濟學手稿（已出版）
　・第38-39卷：1863-1867年經濟學手稿（已出版38卷）
　・第40卷（上冊）：1867-1868年第二、三冊手稿（未出版）
　・第40卷（中冊）：1868-1870年第二冊第II稿（未出版）
　・第40卷（下冊）：1871-1882年第二、三冊手稿（未出版）
　・第41卷：1883-1894年恩格斯編輯稿（未出版）
　・第42-46卷：《資本論》各卷各刊印稿（已出版，分別為《資本論》第一卷德文
　　第一版、《資本論》第一卷法文版、《資本論》第一卷、《資本論》第二卷、《資
　　本論》第三卷）

極高，習於不斷改寫、修訂自己的字句。舉兩個例子：1880年6月27日，他在給荷蘭工運活動家紐文胡斯（Ferdinand Domela Nieuwenhuis，1846-1919）的信中說：「在目前條件下，《資本論》的第二卷（按：這裡的「第二卷」指的是後來恩格斯編輯出版的《資本論》二、三卷）在德國不可能出版，這一點我很高興，因為恰恰是在目前某些經濟現象進入了新的發展階段，因而需要重新加以研究」（Marx, 2009h: 449）。1881年12月，他在妻子過世及病況加劇的「雙重殘廢」（Marx, 1971b: 239）的打擊下，甚至還在給Nikolai Danielson（《資本論》的俄文版譯者）的信件中表示希望「像目前如果換種情況本來會做的那樣，改寫（change）這本書（按：《資本論》第一卷）」（Marx, 1971a: 238，中譯略有修改）。[3]

以下簡要回顧一下1867年9月《資本論》第一卷出版後的狀況。

第一卷出版後，馬克思幾乎立刻重新投入工作，包括修訂第一卷的法文版（1872-75）和德文第二版（1873），包括在1871年12月到1872年1月間寫了目前仍無英譯和中譯的〈《資本論》第一版的補充和修改〉（*Ergänzungen und Veränderungen zum ersten Band des "Kapitals"*）（收錄於MEGA²第二部分第六卷）（Lietz,

---

3 我之前的文章誤以為這封信的原文是德文，因此根據德文版的 *Marx-Engels-Werke* 收錄的信件文字提出了一些評論（萬毓澤，2017: xiii）。此處必須更正：這封信是用英文寫的，馬克思用的原字是change（Marx, 1992: 161），德譯本譯為umarbeiten（意思是「就基本特徵加以翻修」），俄譯本則是使用動詞＋名詞 внести изменения（使……變化、改變）（俄譯本見 K. Маркс и Ф. Энгельс. Сочинения，第35卷，1964年版，頁201）。但無論如何，現行的中譯本（應是由俄譯本轉譯而來）將這個詞譯為「修改」，語氣或許稍弱了些。

2014）；此外，他還繼續撰寫、修訂二、三卷的手稿，臨終前還在編輯第一卷德文第三版，逝世後才由恩格斯接手。1868年起，馬克思最關心的其中幾個經濟理論課題是貨幣、信用和銀行體系，這顯然與他在1866年經歷的嚴重金融危機有關（Krätke, 2005: 150）。他在《資本論》第一卷也對這場危機留下了紀錄：

> 這次危機在1866年5月爆發，這是以倫敦一家大銀行的破產為信號的，繼這家銀行之後，無數在金融上進行欺詐的公司也接著倒閉了。遭殃的倫敦大生產部門之一是鐵船製造業。這一行業的巨頭們在繁榮時期不僅無限度地使生產過剩了，而且由於他們誤認為信用來源會照樣源源不絕，還接受了大宗的供貨合同。現在，一種可怕的反作用發生了，而且直到目前，1867年3月底，還在倫敦其他工業部門繼續發生。（Marx, 2017a: 643）

此外，馬克思自1870年代起，越來越留意資本主義新興大國美國（尤其是其工商業、農業、勞動狀況）以及後進的俄國（特別是其土地所有制和農村公社的演變）。[4] 在生命的最後十五年，他仍然「懷著相同的熱情投入工作，就跟第一卷出版前的十五年一樣」（Krätke, 2005: 146）。這挑戰了過去常見的看法：「完

---

4 如馬克思在1879年的信中說：「美國經濟進步的速度現在已經大大地超過了英國，雖然美國在已獲得的財富的數量方面還落後於英國」（Marx, 2009g: 435）。馬克思也是從這時開始學習俄文。「我發現有必要認真學習一下俄文，因為在探討土地問題時，就不可避免地要從原文材料中去研究俄國的土地所有制關係」（Marx, 2009f: 339）。

成《資本論》第一卷後，馬克思基本上停止了對資本主義發展的思考」（Cole, 1954: 300，轉引自 Roberts, 2017: 12n）。[5] 據此，我同意 Heinrich（2010: 121）的見解：MEGA[2]第二部分的問世，「不僅證明《資本論》是一個開放的體系，而且它的一些基本理論和概念也有待進一步完善，例如經濟危機理論、銀行和金融理論等」。此外，Roth（2010: 57，中譯略有修改）的建議也值得考慮：我們應考察馬克思如何試圖使自己的經濟學研究「成為他1870年代後期和1880年代廣泛開展的法學史、民族學、地質學、化學、數學研究的一部分」。[6] 本書第八章會再回來處理這個問題。

　　馬克思過世後，恩格斯利用生命最後的十二年，完成了《資本論》第一卷第三、四版和《資本論》第二、三卷的編輯，對馬

5　馬克思的經濟學手稿完整出版後，也有助於澄清某些常見的誤解。比如說，Fernand Braudel 和黃仁宇都認為馬克思從未使用「資本主義」的名詞形式，但實際上馬克思在1861-63年、1865年等手稿（以及部分信件）中都曾使用這個詞，儘管次數不多（見如徐洋，2011）。除了經濟方面的研究外，馬克思晚期的大量手稿中還蘊藏了許多其他議題的線索，如1868年、1878年、1877-82年的自然科學手稿（分別收於 MEGA[2]第四部分，第十八、二十六、三十一卷）便能讓我們更深入瞭解他的生態思想與更廣泛的自然觀（見如 Saito, 2016, 2017a, 2018；Baski, 2001；Burkett and Foster, 2006；Kaan, 2018）。見第八章的討論。

6　馬克思最後十年的研究大致分為：1874-75年（大量俄國著作的摘要）、1875-76年（俄國1861年以降的農業史；農業化學；技術史；俄國、英國、希臘史；生理學）、1876-77年（土地所有制史；法律史）、1877-79年（銀行、金融、會計問題；歐洲史）、1878-79年（地質學；礦物學；農業化學；農業經濟學；俄國與美國的農業統計；自然史；世界貿易史）、1878-82年（代數學；微分學簡史）、1879-82年（民族學；古代史；土地所有制、地租、農業、財政問題；俄國與法國史）、1881-82年（世界史的編年、表格與評述，一般稱為《歷史學筆記》）、1877-82年（有機化學、無機化學、電學）（比較 Krätke, 2011；Dellheim and Wolf, 2018: 4-5；李百玲，2014a: 19-22；Dussel, 1990: 451-5）。

克思學說的流傳與系統化功不可沒。在整理第二卷的手稿時，恩格斯在信件中留下這樣動人的文字：「這需要花費不少的勞動，因為像馬克思這樣的人，他的每一個字都貴似金玉。但是，我喜歡這種勞動，因為我又和我的老朋友在一起了」（Engels, 2009b: 509）。

　　恩格斯強調，自己的編輯工作是「編成一個盡可能真實的文本，即盡可能用馬克思自己的話來表述馬克思新得出的各種成果。只是在絕對不可避免的地方，並且在讀者一點也不會懷疑是誰在向他說話的地方，我才加進自己的話」（Marx, 2017c: 893）。然而，根據現有對 MEGA² 的研究，恩格斯的編輯工作其實分成幾類：調整原文的編排方式、提高某些段落的價值（例如將注釋改為正文）、擴充原文（如加入自己的話、補充歷史資料）、刪除原文、精簡原文、修飾原文（如加入連接句、刪除重複句）、修正原文（如訂正術語、數字、引文）等（Vollgraf and Jungnickel, 2002: 42-3）。一般情況下，這些改動有助於表達馬克思的思路，但某些改動則有待商榷。目前較受注意的，是第三卷與「利潤率趨向下降的規律」有關的幾章，恩格斯在其中某些段落加入了自己的見解，影響了後人對馬克思危機理論的理解（較詳細的討論見第八章）。

表一　馬克思經濟學筆記及手稿的編輯、出版與MEGA²
的收錄狀況

馬克思經濟學手稿及筆記	編輯工作	正式出版物	MEGA²收錄狀況	備　注
1843-1845年筆記（巴黎筆記）			第四部分，卷2、3	馬克思首次研究經濟學的成果，為《1844年經濟學哲學手稿》的基礎。相關研究見如張一兵（2014: 168-98）、武錫申（2014）。
1845-1847年筆記（布魯塞爾筆記）			第四部分，卷3、6	相關研究見如張一兵（2014: 322-5, 374-6, 378-80）、武錫申（2014）。
1845年7-8月筆記（曼徹斯特筆記）			第四部分，卷4、5	相關研究見如張一兵（2014: 376-8, 380-406）、武錫申（2014）。
1850-1853年筆記（倫敦筆記）			第四部分，卷7-11（卷10、11尚未出版）	早期的經典研究見Schrader（1980）；晚近相關研究見Pradella（2015）、武錫申（2014）、周嘉輝（2014）。
1857-1858筆記（危機筆記）			第四部分，卷14（尚未出版）	包含〈1857法蘭西〉（1857 France）、〈關於1857年危機的筆記本〉（Book of the Crisis of 1857）、〈關於商業危機的筆記本〉（The Book of the Commercial Crisis）。見Krätke（2010）、陳長安（2013a, 2013b）、玉岡敦、陳長安（2013）。
1857-1858年手稿			第二部分，卷1，1-2冊	這部分的手稿1939年和1941年在莫斯科首次以德文發表時，以《政治經濟學批判大綱》為題，簡稱《大綱》。 《大綱》的〈導言〉提出「五篇」的研究計畫，大致勾勒出馬克思經濟學理論的基本架構：一般的抽象規定；資本、雇傭勞動、土地所有制；資產階級在國家形式上的概括；生產的國際關係；世界市場和危機。 相關研究見如Rubel（1950）、Nicolaus（1968）、Müller（1978）、Rosdolsky（1992）、Negri（1984）、Musto（2008；中譯本見2010）、Bellofiore et al.（2013）。

		《政治經濟學批判》第一分冊（1859）	第二部分，卷2	〈序言〉將《大綱》〈導言〉提出的「五篇」計畫改為「六冊」架構：資本、土地所有制、雇傭勞動；國家、對外貿易、世界市場。第一冊「資本」包含四篇：資本一般、競爭（或許多資本的相互作用）、信用、股份資本。 根據馬克思1862年12月28日寫給庫格曼的信，《政治經濟學批判》第二分冊將以《資本論》為名出版，內容只包含上述六冊計畫中「資本一般」的部分。
1858-1861年手稿			第二部分，卷2	包括《政治經濟學批判》第一分冊的初稿（流傳下來的只有第二章的後四分之三和第三章的開頭）等手稿。 過去的研究較忽略這部分的手稿，只集中在1857-1858年、1861-1863年和1863-1865年的「三大」手稿。
1861-1863年手稿			第二部分，卷3，1-6冊	《資本論》即根據這份手稿制訂的架構撰寫，分為「理論部分」（資本的生產過程、資本的流通過程、總過程的各種形式）和「歷史部分、歷史批判部分或歷史文獻部分」，預計分為三卷四冊出版。後來成為《資本論》三卷和《剩餘價值理論》（由考茨基編輯，又稱《資本論》第四卷）。 這份手稿除了一部分成為《資本論》第一卷的基礎外，還包括剩餘價值理論史以及針對商業資本、資本和利潤、機器等問題的研究。 相關研究見如Müller（1978）、Dussel（2001）、劉英（2014）。
1863-1865年手稿			第二部分，卷4，1-3冊	馬克思為《資本論》第一、二、三卷撰寫的手稿（第I稿）。 晚近的研究見如Moseley（2015）、鄭錦（2014）。

		《資本論》第一卷第一版(1867)	第二部分,卷5	共六章一附錄。
1867-1871年手稿			第二部分,卷4(第3冊)、卷11、卷14	馬克思為《資本論》第二、三卷撰寫的手稿(第二卷的第II、IV稿;第三卷的第II、III稿)。
				相關研究見如Krätke(2005)、Roth(2010)、鄭錦(2014)。
1871-1875年手稿			第二部分,卷11、卷14	馬克思對《資本論》第一卷德文第二版及法文版的修訂工作;一部分是《資本論》第三卷的手稿(包括如〈剩餘價值和利潤率的公式及計算〉〔Formeln und Berechnungen zu Mehrwert- und Profitrate,1871〕)。
		《資本論》第一卷第二版(1873)	第二部分,卷6	共七篇二十五章。
				馬克思在準備第二版的過程中撰寫了〈《資本論》第一版的補充和修改〉(Ergänzungen und Veränderungen zum ersten Band des "Kapitals"),同樣收錄於MEGA² 第二部分,卷6。
		《資本論》第一卷法譯本(1872-1875年)	第二部分,卷7	是俄文本(1872)後的第二個外文譯本。
				譯者為Joseph Roy,根據德文第二版翻譯。馬克思親自校訂譯文、補充資料,甚至修改了部分論述。因此,馬克思認為這個版本「有獨立的科學價值,甚至對懂德語的讀者也有參考價值」。
				共八篇三十三章。
				針對法譯本的研究可參考如Anderson(1983, 2014)、馮文光(2014)。

1875-1882年手稿			第二部分，卷11、卷14	馬克思為《資本論》第二、三卷撰寫的手稿（第二卷的第V、VI、VII、VIII稿；第三卷的六份手稿，包括〈以數學方式處理剩餘價值率和利潤率〉〔Mehrwertrate und Profitrate mathematisch behandelt，1875〕）。 相關研究見如Krätke（2005）、Roth（2010）、鄭錦（2014）。
	恩格斯	《資本論》第一卷第三版（1884）	第二部分，卷8	
	恩格斯	《資本論》第二卷（1885）	第二部分，卷13（恩格斯的整理稿：第二部分，卷12)	恩格斯根據第二卷手稿的第II、IV、V、VI、VII、VIII稿編輯而成。
		《資本論》第一卷英譯本（1887）	第二部分，卷9	馬克思逝世前要求英譯本須參考法譯本。 譯者為Samuel Moore及Edward Aveling，但恩格斯「對整個工作負全部責任」。 以德文版第三版為基礎，全書結構和法譯本同為八篇三十三章。
	恩格斯	《資本論》第一卷第四版（1890）	第二部分，卷10	參考法譯本修訂，但仍為七篇二十五章。多數譯本譯自這個版本。
	恩格斯	《資本論》第三卷（1894）	第二部分，卷15（恩格斯的整理稿：第二部分，卷14)	恩格斯根據馬克思為第三卷留下的主要手稿（第I稿）及許多短篇手稿編輯而成。
	考茨基	《剩餘價值理論》（1905-1910年分三卷出版）		考茨基根據馬克思1861-63年手稿中的第VI-XV本筆記編輯而成。
		《資本論》一至三卷新英譯本（1976-1981）		譯者為Ben Fowkes及David Fernbach，由比利時知名馬克思主義經濟學者Ernest Mandel撰寫導言。 仍維持八篇三十三章。

資料來源：作者自行整理

第三章
《資本論》的結構與邏輯：
無三不成「理」[1]

　　不論我的著作有什麼缺點，它們卻有一個長處，即它們是一個藝術的整體……。（Marx, 2009e: 231）

　　孫中興（見如2010）曾提出閱讀人文社會科學經典的「四本主義」，強調要注意經典的「文本」、「版本」、「譯本」、「所本」（立論根據）。閱讀《資本論》也該如此。或許可以說，一般讀者（甚至包括研究者）對《資本論》的「四本」都不夠重視，比如說，不考究版本問題（《資本論》有好幾個版本，你說的是哪一版？[2]更不用說馬克思的多份手稿與《資本論》的延續與差異了），也不留意譯本問題（比如說，馬克思認為《資本論》第一卷的法譯本有獨立的科學價值，但一般讀者少有機會閱讀法文版或法文版的中譯；又比如說，通行的中譯本是中共中央編譯局長

---

1 或者可借用德文諺語：「好事成『三』」（*Aller guten Dinge sind drei*）。

2 這不是小題大作。事實上，有些學者一直主張德文第一版才是最準確表達馬克思思想的版本，而非現在通行的第四版。如德國高度哲學化的「馬克思新解讀」（*Neue Marx-Lektüre*）學派就持如此見解，認為第一版對「價值形式」的分析勝過後來的版本（見如Reichelt, 2008）。另見第四章注釋7。

期投入人力、修訂翻譯的結果，因此，不同年代出版的中譯本也有差異）。[3]

至於與「文本」和「所本」有關的問題可能更重要。其中一個關鍵是：許多讀者不清楚《資本論》有三卷，也不瞭解三卷處理不同的主題。舉例來說，如果想瞭解經濟危機的成因，卻只讀第一卷，能得到的線索便很有限。反過來說，如果想瞭解何謂勞動價值論，或剩餘價值到底如何產生，也不能從第三卷讀起，而是要回到第一卷。

不妨先引用馬克思自己的話：

　　在第一冊中，我們研究的是資本主義**生產過程**本身作為直接生產過程考察時呈現的各種現象，而撇開了這個過程以外的各種情況引起的一切次要影響。但是，這個直接的生產過程並沒有結束資本的生活過程。在現實世界裡，它還要由**流通過程**來補充，而流通過程則是第二冊研究的對象。在第二冊中，特別是在把流通過程作為社會再生產過程的中介來考

---

3 《資本論》在中國一個世紀以來的翻譯及傳播狀況可參考徐洋、林芳芳（2017）。我2017年為台灣聯經版的《資本論》撰寫長篇導言時，也一併修訂了十餘處中共中央編譯局的翻譯。由於《資本論》的原文是德文，其中涉及不少語言轉譯的問題。就連台灣學者熟悉的David Harvey也曾受到批評，認為他因仰賴不夠精確的英譯而誤解了馬克思的某些論述（見如Haug, 2013: 第八章；Callinicos, 2014: 21-2）。我自己也注意到類似的狀況。比如說，Harvey（2015）提到馬克思在《大綱》中便討論過「生產與實現的矛盾統一」（即《資本論》第二卷的主題，見下文），但實際上，《大綱》討論的是「生產」和「價值增殖」（*Verwertung*）的矛盾與統一（見如Marx, 1998a: 395-6）。《大綱》的英譯者將「價值增殖」譯為「實現」（realization），是不正確的。「價值增殖」出現在生產領域，「實現」則發生在流通領域，兩者並不等同。

察的第三篇中指出：資本主義生產過程，就整體來看，是生產過程和流通過程的統一。至於這個第三卷的內容，它不能是對於這個統一的一般考察。相反地，這一卷要揭示和說明**資本運動過程作為整體考察**時所產生的各種具體形式。……因此，我們在本冊中將闡明的資本的各種形態，同資本在社會表面上，在各種資本的互相作用中，在競爭中，以及在生產當事人自己的通常意識中所表現出來的形式，是一步一步地接近了。（Marx, 2017b: 25）

馬克思認為資本主義生產「實質上就是剩餘價值的生產，就是剩餘勞動的吮吸」（Marx, 2017a: 252）。如果從剩餘價值的角度來看，第一卷分析的是剩餘價值在**生產過程**中的生產機制。就像維吉爾帶領但丁踏進地獄，馬克思也帶領讀者走入剩餘價值的真正來源地，就是那「門上掛著『非公莫入』牌子的隱蔽的生產場所」（Marx, 2017a: 163）（見第六章對但丁的討論）。他進一步區分了「絕對」剩餘價值（延長勞動時間、提高勞動強度所生產的剩餘價值）和「相對」剩餘價值（提高勞動生產力、縮短社會必要勞動時間所生產的剩餘價值），研究了工資問題，最後以研究資本的積累過程（包括西歐資本主義的「原始積累」）作結。第一卷唯一考察過的「流通」領域，是「作為資本主義生產的基本條件的勞動力的買和賣」（Marx, 2017b: 332），其餘都是生產領域的活動。

第二卷研究的則是資本的**流通過程**，考察這些生產出來的（剩餘）價值如何在市場上透過商品的出售而「實現」為貨幣。第二卷既研究資本的三種形態（貨幣資本、生產資本和商品資

本）及其循環，也考察影響資本周轉時間（生產時間加上流通時間，也就是從生產到銷售、購買等各環節）的因素。最後，馬克思還研究了資本主義積累的條件，也就是（一部分）剩餘價值的「資本化」（購買追加的生產資料和勞動力，而非單純用於非生產性的消費，如購買奢侈品），馬克思稱之為「擴大再生產」。

從第一卷到第二卷，我們可以看到（剩餘）價值的「生產」和「實現」形成了「不可分割的統一」（Mandel, 1991: 79），但也可以看出兩者有內在的張力。能生產，不代表能實現（出售）；有實現的條件，不代表能順利生產。Harvey（2016: 93-9）將這種矛盾稱為「生產與實現的矛盾統一」。如Harvey（2013: 3；2016: 93-4）所言，如果整個資本主義經濟像第一卷假定的那樣運作順暢，也就是**使剩餘價值的生產極大化**（如提高勞動強度、延長工時、壓低工資、壓制勞工的組織與反抗等），就會遇到第二卷考察的問題：商品無法有效出售，**導致（剩餘）價值無法實現**，從而威脅整個資本主義的運作。這就是第二卷說的：

> 資本主義生產方式中的矛盾：工人作為商品的買者，對於市場來說是重要的。但是作為他們的商品——勞動力——的賣者，資本主義社會的趨勢是把它的價格限制在最低限度。還有一個矛盾：資本主義生產全力擴張的時期，通常就是生產過剩的時期；因為生產能力從來沒有能使用到這個程度，以致它不僅能夠生產更多的價值，而且還能把它實現。（Marx, 2017b: 298）[4]

---

4 第三卷再次討論了這個問題：

　　但反過來說，如果在制度上強化工人的集體議價能力與購買力（如二戰後到1970年代中期的「凱恩斯式福利民族國家」便強調充分就業、集體協商和需求管理），儘管能夠提高（剩餘）價值「實現」的可能性，卻容易威脅到剩餘價值的生產。

　　如Mandel（1991: 75）所言，《資本論》第二卷長期以來「是一部被人遺忘的書」，但在整個《資本論》的架構中卻具有關鍵地位。就連馬克思主義者一般來說也「更重視生產問題，對流通問題則重視不夠，往往忽視兩者基本上是統一的」（Mandel, 1991: 79n）。[5] 因此，讀者絕不能停留在第一卷對生產過程的分析。

　　第二卷是三卷中篇幅最短的，只有第一卷的三分之二，但第三卷比第一卷還厚，更具挑戰性。第三卷考察的是資本主義生

這樣生產出剩餘價值，只是結束了資本主義生產過程的第一個行為，即直接的生產過程。……現在開始了過程的第二個行為。總商品量，即總產品，無論是補償不變資本和可變資本的部分，還是代表剩餘價值的部分，都必須賣掉。如果賣不掉，或者只賣掉一部分，或者賣掉時價格低於生產價格，那麼，工人固然被剝削了，但是對資本家來說，這種剝削沒有原樣實現，這時，榨取的剩餘價值就完全不能實現，或者只是部分地實現，資本就有可能部分或全部地損失掉。進行直接剝削的條件和實現這種剝削的條件，不是一回事。兩者不僅在時間和地點上是分開的，而且在概念上也是分開的。（Marx, 2017c: 243-4）

5　Harvey（2015）也有類似的看法：「從亞馬遜網站的銷售排行來看，這種強調第一卷的偏見非常明顯。其結果就是，在馬克思主義思想史中存在著對《資本論》的「生產主義」（productivist）解讀的偏見，而關於價值實現的問題則被忽視了」。Mandel和Harvey是左翼知識界最早注意到第二卷重要性的代表人物。Harvey從1982年出版《資本的限度》（The Limits to Capital）以來，便一直很重視第二卷的分析價值，如他在近來的著作中所言：「資本在生產、實現和分配等階段的流通都必須維持某種速度，假如這種速度遇到任何阻礙，都會使資本流通產生困難。延續不斷和速度穩定是資本流通的首要考量……資本運動只要一放緩，價值就面臨貶損。相對的，加快資本周轉時間則是提高價值生產的不二法門，這也是《資本論》第二卷的主要發現之一」（Harvey, 2018: 118-9）。

產、流通和分配的**總過程**。這一卷有不少技術性的討論，包括從第一卷討論的「剩餘價值」轉化為「利潤」；「利潤」透過不同部門的競爭而形成「平均利潤」，從而又從第一卷討論的商品「價值」轉化為商品的「生產價格」（後來衍生出具有高度爭議的「轉型問題」）；接著討論生產力的提高如何產生利潤率下降的趨勢及反趨勢（成為馬克思主義經濟危機理論的重要基礎）；並討論平均利潤如何轉化為產業利潤、商業利潤、利息和地租等各種特殊形態。

綜上所述，Bensaïd（2009a: 113-31）用生動的語言將三卷的主題分別稱為「犯罪現場」、「洗錢」和「分贓」，可說頗為切中要害。或者，借用Harvey（2018: 80-81）的話：

　　三卷《資本論》分別從不同立足點觀察資本的整體性，並提供我們來自各個角度的洞見。這就好像，為了側錄一個發生在廣場上的事件，例如埃及解放廣場、土耳其塔克辛廣場，而從位於不同方向的三個窗戶看下去。每扇窗戶看到的，都是一個完整且忠於自身角度的故事，但要瞭解廣場事件的全貌，則有必要兼聽三個不同的版本。然而當我們談到《資本論》的閱讀時，卻有很多人強烈偏愛只從第一卷的價值增殖角度看資本，輕忽了其他兩卷對價值實現和價值分配的研究。我主張，這種偏見必導致嚴重的錯誤。將資本視為一個整體的觀點，意味著清楚認識到資本的不同階段如何互為前提和結果。每個階段既獨立自主又包含在整體的運動中。

《資本論》三卷的主題不同，抽象層次也不同（《資本論》三

卷的結構請參考圖一）。與當前的經濟現實最有關的是，除了第一卷外，二、三卷都處理了資本主義的**危機趨勢**，特別是第三卷13-15章討論「利潤率趨向下降的規律」等章節。如果輕率忽略，將難以理解馬克思如何將資本主義視為一個不斷演化、週期性出現經濟危機的競爭性積累（competitive accumulation）體制

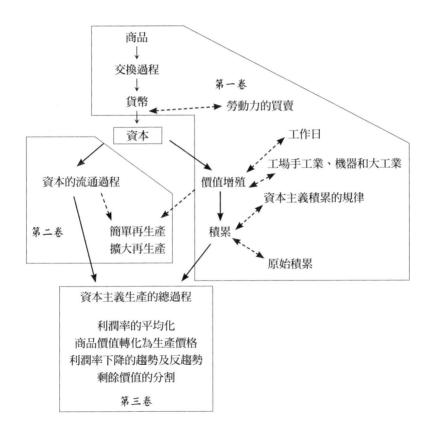

圖一　《資本論》三卷的結構

資料來源：改編自 Duménil（2013）

（Callinicos, 2014: 242-4；萬毓澤，2006：126-7），當然也難以回應經濟危機方興未艾的今日世界。

以下，我針對《資本論》的方法與邏輯略做討論。

馬克思的研究運用了大量的**抽象**。如他在第一版序言所言，「分析經濟形式，既不能用顯微鏡，也不能用化學試劑。二者都必須用抽象力（*Abstraktionskraft*）來代替」（Marx, 2017a: 2）。我同意Ollman（2001: 286-7）所言：

> 馬克思為抽象賦予的角色，僅是體認到這個事實：一切關於現實的思考，第一步都是把現實拆解為可處理的各個部分。我們在體驗現實時，現實可能是完整的，但若要思考並傳達現實，就必須將之拆解開來。……「抽象」的字源是拉丁文*abstrahere*，意即「抽出」。

比如說，第一卷第五章在考察勞動過程時，就強調「首先要撇開每一種特定的社會的形式來加以考察」，才能理解「勞動力的使用」的一般狀況，也就是「人和自然之間的過程」（Marx, 2017a: 167, 485）；到了討論剩餘價值的部分，才把這種抽象放掉，考察**資本主義生產方式**下的勞動過程。

又如討論「剩餘價值轉化為資本」時，他在注腳說明：「為了對我們的研究對象在其純粹的狀態下進行考察，避免次要情況的干擾，我們在這裡必須把整個貿易世界看作一個國家，並且假定資本主義生產已經到處確立並占據了一切產業部門」（Marx, 2017a: 559注21a）。

馬克思的這種研究方法，在第一卷第七篇〈資本的積累過

程〉也有非常清楚的說明。由於資本積累的前提是資本家能順利賣掉自己的商品，並把由此賺來的一部分貨幣再轉化為資本，因此，馬克思假定「資本是按正常的方式完成自己的流通過程的」，並表示第二卷才會對流通過程提出詳細的分析（Marx, 2017a: 543）。

除了運用抽象力，暫時將次要因素「存而不論」外，還要留意馬克思所謂「從抽象上升到具體」的方法。大體來說，《資本論》一開始是從「最簡單的規定（*Bestimmung*；determination）」[6]（Marx, 2009d: 24）出發（商品、貨幣、資本），在過程中逐步引入新的「規定」（如勞動力的買賣、資本的競爭），並透過這些規定來**解決舊問題、提出新問題**（Callinicos, 2014: 137-8），最後才「在思維行程中導致具體的再現」。這裡的「具體」，就是「具有許多規定和關係的豐富的總體」，是「許多規定的綜合」（Marx, 2009d: 24, 25）。

比如說，馬克思在第一、二卷都假定「價值」等於「價格」，[7]也假定商品按其價值出售；[8]到了第三卷，引入不同部門的資本競爭因素後，才討論市場價格的運作機制。只熟悉第一卷的

---

6 「規定」（*Bestimmung*）、「規定性」（*Bestimmtheit*）、「性質」（*Beschaffenheit*）這三個相互關聯的概念在黑格爾的哲學體系裡有很重要的地位（見Inwood, 1992: 77-9）。馬克思使用「規定」這個詞時，意義是「確定特徵」、「勾劃輪廓」或「提出界定」。但要注意的是，「規定」不是靜態的、一勞永逸的「定義」，而是動態發展的過程中的環節（見如Marcuse, 2005: 177）。

7 「我們始終假定產品的價格＝它的價值」，而「我們在第三冊中會看到，即使拿平均價格來說，也不會這樣簡單地得出這個等式」（Marx, 2017a: 206，正文及注31a）。

8 「我們假定，一切商品，包括勞動力在內，都是按其十足的價值買賣的」（Marx, 2017a: 302）；「為了純粹地考察循環公式，僅僅假定商品按照價值出售是不夠的，還必須假定這是在其他條件不變的情況下進行的」（Marx, 2017b: 101）。

人，容易將第一卷闡述的價值規律直接拿來分析商品的市場價格問題，或直接拿個別商品的例子來「否證」價值規律，這都完全違背馬克思的理論邏輯。

另一個相關的例子：第一卷除了少數引入競爭因素的段落外（見下文），討論的是社會總資本，而不是個別資本（家），即使討論到資本家的段落，也把他們視為「人格化的、有意志和意識的資本」（Marx, 2017a: 143）；到了第二卷，開始引入「單個資本」與「社會總資本」的區分以及「第一部類」（生產資料的生產）和「第二部類」（消費資料的生產）的區分；最後，第三卷引入了不同部門的資本競爭，以及產業資本、商業資本、借貸資本等特定形態的資本。

如前所述，馬克思將這種方法稱為「從抽象上升到具體」，也有學者稱之為「逐步逼近」（successive approximation）法（Fine, 1975: 13）。此外，馬克思還提出了實在論式的提醒：不管研究者的思維如何活動，「實在主體（das reale Subjekt）仍然是在頭腦之外保持著它的獨立性」（Marx, 2009d: 25）。借用 Louis Althusser 的著名提法：我們必須將「認識對象」（objet de connaissance）與「真實對象」（objet réel）嚴格區別開來（《資本論》的整體邏輯可參考圖二）。

這裡進一步談談《資本論》三卷的抽象層次問題。有些學者認為《資本論》第一、二卷只討論「**資本一般**」（Kapital im allgemeinen）（考察資本整體的生產及流通），要到第三卷引進不同部門的資本競爭後，才開始考慮「**許多資本**」（viele Kapitalien）的相互作用，也才能分析**以競爭為前提**的利潤率平均化、價值轉化為生產價格等問題，並考察剩餘價值如何以利潤、利息、地租

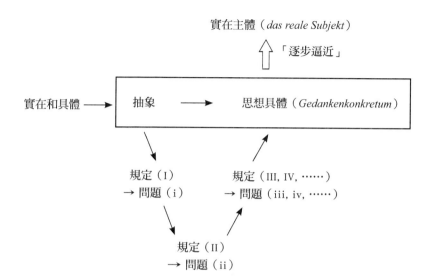

圖二 《資本論》的邏輯：從抽象上升到具體

資料來源：作者自行整理

等不同的形態分配。[9]

Rosdolsky（1974: 69）對一、二卷的抽象層次說得很清楚。首先是第一卷：

9「資本一般」和「許多資本」（即個別資本的相互競爭）的區分是《大綱》首先提出來的。「資本一般」是「六冊」架構中「資本」冊的一部分（見本章表四）。有些學者認為，馬克思在1863年後實際上放棄了「資本一般」的概念，因為一來，很難對「資本一般」與「競爭」做嚴格的區分；二來，這個概念對他後來安排的寫作架構不再那麼重要（Heinrich, 2013b）。但我認為馬克思毋寧是調整了「資本一般」的內容，而不是徹底放棄。整體來說，一、二卷和第三卷大致可以對應「資本一般」與「許多資本」的劃分（但不表示第三卷完整處理了競爭問題）（Moseley, 2002, 2014）。這也說明了馬克思為何在第一卷引入競爭因素時顯得猶疑不定（見下文，另見第八章）。

「資本一般」的抽象目的是追溯資本所有階段的「生活史」。所以，分析必須從對資本生產過程的考察開始。必須說明貨幣如何「超越其作為貨幣的簡單規定」而變成資本（也就是透過耗費人類勞動而生產剩餘價值），最後還要說明，剩餘價值的生產如何導致了資本和資本關係的再生產。但這一切，就算不考慮不同的資本及其差別，也能夠開展。如果我們要理解資本關係的基本預設（資本與勞動的關係，以及剩餘價值作為資本主義生產的推動力），我們就不能從「許多資本」開始，而是要從資本本身開始，也就是從「整個社會的資本」、「資本一般」開始。唯有如此，資本概念的實際發展才得以可能。

接著是第二卷的資本流通過程（Rosdolsky, 1974: 69-70）：

資本的生活史並不限於直接的生產過程。資本為了自我更新，資本的產品，包括剩餘產品，就必須轉化為貨幣。如此一來，生產過程的階段就必須加上流通過程才算完整。因此，資本運動變成了一種循環，在其中，新的形式（固定資本和流動資本）充實了它……。我們也必須將這些形式理解為「資本一般」這個抽象範圍內的差別，由於它們「是每一種資本都具有的特色」，因此理解時「無需考慮許多資本的相互作用」。

以資本積累的問題為例，正如Mandel（1991: 50）所言，《資本論》中資本積累過程的考察，是在兩個不同的抽象層次進

行的。在第一卷的「資本一般」的層次上，是根據資本和雇傭勞動的關係來考察資本積累；但在第三卷，則是從「許多資本」（即資本主義競爭）的角度考察資本主義制度下的經濟增長。這兩種抽象層次在《資本論》三卷中的安排，可參考表二的整理。

表二 《資本論》的抽象層次：資本一般與許多資本

資本一般		許多資本（競爭；剩餘價值的分配）	
剩餘價值的生產	第一卷	一般利潤率與生產價格	第三卷第二篇
資本的流通（固定與流動資本）	第二卷	商業利潤	第三卷第四篇
資本與利潤（包括利潤率的下降）	第三卷第一篇、第三篇	利息	第三卷第五篇
		地租	第三卷第六篇
		各種收入及其泉源	第三卷第七篇

資料來源：整理自Moseley（2014: 116-7）

我大致同意上述觀點，但認為需要一些補充說明。首先，《資本論》第一卷雖然在「資本一般」的抽象層次上開展討論，但並不是**不談競爭**。最重要的章節，就是討論「相對剩餘價值」的第十章。所謂相對剩餘價值，就是創新生產技術，提高勞動生產力，藉此降低勞動力的價值，從而縮短再生產勞動力價值所必要的工作日部分。但這裡所謂的「提高勞動生產力」，必須是與生活所需有關的產業部門，這樣才能讓生活所需的價值降低（價格變便宜），從而使勞動力的價值降低（工資變便宜）（Marx, 2017a: 303-4）。但除此之外，還有一個獲取相對剩餘價值的方

式。在討論這個途徑之前，請讀者牢記馬克思先說了這句話：

> 這裡**不考察**資本主義生產的內在規律怎樣表現為資本的外部運動，怎樣作為**競爭的強制規律**發生作用，從而怎樣成為單個資本家意識中的動機。（Marx, 2017a: 304，重點為筆者所加）

接著看馬克思如何繼續展開他的分析。他指出，如果個別資本提高自己的生產力，其生產的商品的價值就會低於它的社會價值（即生產同類商品的平均必要勞動時間）。這時，如果資本家仍按社會價值出售該商品，就會賺取「超額剩餘價值」（Marx, 2017a: 305）。然而，當新的生產方式被普遍採用，商品的個別價值和它的社會價值的差額就會消失，這時，「超額剩餘價值」也就消失（Marx, 2017a: 306-7）。請注意，這時馬克思說：「價值由勞動時間決定這同一規律，既會使採用新方法的資本家感覺到，他必須低於商品的社會價值來出售自己的商品，又會作為**競爭的強制規律**，迫使他的競爭者也採用新的生產方式」（Marx, 2017a: 307）。他在第二十二章〈剩餘價值轉化為資本〉中更說「競爭使資本主義生產方式的內在規律作為外在的強制規律支配著每一個資本家。競爭迫使他不斷擴大自己的資本來維持自己的資本，而他擴大資本只能靠累進的積累」（Marx, 2017a: 569）。但馬克思不是才剛表示**不考察競爭因素**嗎？如何解釋這個矛盾？

Bidet（2007: 145，轉引自 Callinicos, 2014: 142）認為，馬克思「試圖抵抗那迫使他在這裡處理競爭問題的必要性……但他最後還是完整闡述了生產部門內的競爭原則」。根據部分學者的看

法，馬克思在第一卷和第三卷都引入了競爭，但卻是**不同類型的競爭**：第一卷集中在部門**內部**的競爭，第三卷則同時關注部門**內部**與部門**之間**的競爭（Callinicos, 2014: 142-3）。或許可以這麼說：馬克思在引入新的規定並據此解決問題時，仍然必須參照資本主義市場中的經驗現實，因此在部分場合仍「不得不」加入競爭的因素。換言之，馬克思對新規定的引入，及這些規定與經驗現實的關係，要比以往部分學者的設想更複雜。

回到馬克思的方法。我認為，可以像Little（1986: 103）的做法一樣，將其轉換成現代社會科學的語言：「一旦針對社會系統最基本的機制提出了清楚的假設，科學家就可以進一步有條理地引入其他不那麼基本的因素，直到理論與經驗密合為止；但這個加入細節的過程必須從屬於一開始的抽象工作」。或者如Sayer（2016: 85）所言，在研究之初，我們對具體事物（如資本主義生產方式）的概念可能膚淺而混亂，而為了理解該事物的各種紛雜的「規定」，必須先有系統地進行抽象；「當每個析離出來的面向都受到檢視後，就可能結合各種抽象化以形成概念，進而掌握這些事物的具體性（concreteness）」。

這裡要特別強調，抽象不等於「模糊」、「不精確」、「無法觀察」或「脫離現實」。抽象指的是「在思維中將事物單方面的或局部的面向析離提取出來」（Sayer, 2016: 84）。就此而言，「抽象」的概念**可以非常精確**，馬克思在《資本論》第一卷一開始討論的「商品」就是如此。商品是經過高度抽象後的概念（就像馬克思說的，資本主義生產方式表現為龐大的商品堆積，但資本主義當然**不是**只有商品），但有**非常明確的指涉**，一點也不模糊，也不脫離現實，當然**也可以觀察**。重點是，「抽象」與「具體」的關係**不**

是「思維」與「現實」或「理論」與「經驗」的關係。[10]

　　在《資本論》中，「抽象」與「具體」指的是不同的概念在**整個理論架構中的相對關係**，是逐步引入各種規定，以達到「思維具體」的歷程，而不是理論與經驗之分或思維與現實之分。用Bidet（2007: 174，轉引自Callinicos, 2014: 132）的話來說：「必須把抽象／具體的關係放置在理論提供的整體思維內部來理解：它是理論內部的安排（ordering）關係」。

　　因此，我們不能忘記，《資本論》全書的分析對象是「資本主義生產方式以及和它相適應的生產關係和交換關係」（Marx, 2017a: 9）。[11]即使第一卷的第一篇第三章〈貨幣或商品流通〉及第二篇〈貨幣轉化為資本〉討論到「簡單商品流通」（見*Ibid.*: 108-10, 119, 126, 138-42, 145-6），也穿插了一些史料，但不代表馬克思是在分析資本主義出現「之前」的某種「簡單商品生產社會」（見何青，2007: 143-4）。商品、貨幣「只是通過思維被分離出來、固定下來，總是以某種具體的生產關係為前提的、該生產關係的一個側面而已」（見田石介，1992: 103）。

　　馬克思在1861-63年手稿（其中一部分後來由考茨基編輯，

---

10 在這個意義上，我不同意何青（2007: 24）所言：「《資本論》第一卷第一章就不是從抽象開始，而是從具體的商品入手……難道還有什麼比商品更具體的東西嗎？」我認為這種說法是把「抽象」與「現實」、「可觀察」做了錯誤的對立，又把「具體」和「經驗」不當地等同起來。商品可觀察，甚至可觸摸，但商品這個概念仍然是高度抽象化的結果。

11 由於馬克思在修訂《資本論》第一卷法文版時，將多處「資本主義生產方式」改為「資本主義社會」、「資本主義制度」或「資本主義生產」，有時則將「資本主義生產方式」和「資本主義生產」並列，因此部分學者認為《資本論》中所謂的「資本主義生產方式」指的其實就是「資本主義生產」，也就是剩餘價值的生產（見劉明遠，2014: 147-8；馮文光，2014: 347-9）。

以《剩餘價值理論》為名出版）中也說得很清楚：

> 產品發展為商品，一定範圍的商品流通，因而一定範圍的
> 貨幣流通，也就是說，相當發達的貿易，是資本形成和資本
> 主義生產的前提和起點。我們就是把商品看成這樣的前提，
> 因為我們是從商品出發，並把它作為資本主義生產的最簡單
> 的元素的。**但是，另一方面，商品是資本主義生產的產物、**
> **結果。表現為資本主義生產元素的東西，後來表現為資本主**
> **義生產本身的產物。只有在資本主義生產的基礎上，商品才**
> **成為產品的普遍形式**，而且資本主義生產愈發展，具有商
> 品形式的產品就愈作為組成部分進入資本主義生產過程。
> （Marx, 2008b: 119，重點為筆者所加）

換言之，我認為《資本論》的方法並不是「歷史與邏輯相統
一的研究方法」（陳娜、陳明富，2016）。[12]他的方法主要是邏輯
的，而不是歷史的，儘管他不斷「將經驗材料整合進特定的規
定之中」（Callinicos, 2014: 153）。馬克思要陳述的**不是**「從簡單
商品生產到資本主義商品生產」的發展史，他對概念與範疇的
安排、規定的引入也**不是**以歷史的發展順序為基礎。見田石介
（1992: 245-6）的說法值得完整引用：

> 資本的發展史，不是一次一攬子地直接敘述出來，而是要
> 在……資本主義生產方式的基本的解剖學的種種斷面上，在

---

12 即見田石介（1992）所謂的「邏輯＝歷史說」或「馬克思主義方法的黑格爾主義
化」。

不同的抽象層次上幾重地加以敘述的。……即使是歷史的對
象，闡明它的發生史的邏輯，也不一定都是按照它的客觀順
序進行的。這一點，只要想想構成雇傭勞動與資本的起源的
本源的積累（原始積累）是在什麼地方闡明的，就可以理解
了。……因此，歷史的、發生的展開方法，固然是馬克思的
方法的最大特徵，但這絕不意味邏輯的進程原則上要與歷史
的進程相一致，如果在研究上按照邏輯進程與歷史進程相一
致辦事，那只能提供一幅現實的滑稽畫。

見田石介（1992: 105-6）還指出：

當有人說經濟學的「辯證法方法」是從商品內在必然地
展開資本的時候，他們常常說這是通過商品的矛盾來進行
的。……可是，究竟這種矛盾是否能成為使商品生產過渡
到資本主義生產的動力呢？顯然不能。因為，商品的根本矛
盾，不是產生出資本主義的生產，而是資本主義生產本身的
基本矛盾……。使資本主義生產能夠發生的動力，不是商品
生產的矛盾，而必須到封建社會的胎內成長著的這個生產關
係本身的體制上的矛盾上去尋找。[13]

---

13 我認為，**在不強求歷史與邏輯的絕對統一的前提下**，Mandel（1991: 11）的說法是
可以接受的：「邏輯分析畢竟反映出歷史發展的某些基本趨勢。『經濟範疇』（只
是被人類頭腦所理解和簡化了的物質存在形式、物質現實形式）的最簡單的表現
形式，通常也是它們的原始的即最初的形式」。比如說，第一卷第四章〈貨幣轉
化為資本〉一開始就指出：「商品生產和發達的商品流通，即貿易，是資本產生
的歷史前提。世界貿易和世界市場在十六世紀揭開了資本的現代生活史」。這是
歷史分析。但馬克思接下來又說：「如果撇開商品流通的物質內容，撇開各種使

　　這裡涉及另一個問題：馬克思與黑格爾的關係。我認為《資本論》第一卷運用的方法，是對黑格爾辯證法的改造，而非套用，而且我們應該從當代社會科學哲學與方法論的角度重新詮釋辯證法，而不是將辯證法神聖化或神祕化（Wan, 2013）。

　　然而，歐美也有一部分學者及學派反其道而行。其中最重要的或許是所謂「新辯證法」學派（代表人物包括Christopher Arthur、Tony Smith、Geert Reuten等人，又稱體系辯證法學派、「價值形式」馬克思主義）。[14]他們對《資本論》第一卷有獨特的見解，可概述如下：（1）《資本論》第一卷的敘述方法（範疇的建構與安排）與黑格爾的《邏輯學》具有**同形結構**；（2）馬克思是透過以《邏輯學》的範疇體系為基礎的「**體系辯證法**」（systematic dialectics）來解釋資本主義**體系**；[15]（3）對Christopher Arthur（2004）來說，「資本」是一個不斷自我增殖的積累過程（而在這樣的積累過程中，「價值形式」取得支配地位），恰恰可

　　用價值的交換，只考察這一過程所造成的經濟形式，我們就會發現，貨幣是這一過程的最後產物。商品流通的這個最後產物是資本的最初的表現形式」（Marx, 2017a: 137）。這則是邏輯分析。在這個部分，歷史與邏輯確實有統一的傾向，或者，用Harvey（2010: 87）的話來說，「對歷史的解讀似乎在理論化的過程中發揮了重要的獨立作用」。

14 這個「學派」（類似法蘭克福「學派」）的成員僅有部分的共通點（如強調對價值形式、貨幣形式的分析；認為馬克思的勞動價值論只是對資本主義生產方式進行整體理論分析的出發點，**不具經驗內容**，從而無法在經驗層次上否證等），但細部的論證與觀點經常有出入。

15 舉兩個例子。Tony Smith（1990: ix）的說法是：「《資本論》是一部根據黑格爾的辯證邏輯而建立的經濟範疇系統理論」；Christopher Arthur（2002: 3）則說：「重點在於建立一套**系統性**的辯證法，以清楚說明一個**既有**的社會體系（即資本主義）的關係，因此與那種研究社會體系的**興起及衰落**的歷史辯證法是對立的」。

對應黑格爾筆下的「理念」；（4）也因此，Arthur認為，馬克思**應該**（但未能）從價值形式（而非商品）開始分析，因為在黑格爾的邏輯學中，最先出現的是「純粹的抽象」。

本章無法完整評估這種黑格爾主義式的馬克思詮釋。我的基本看法是，把自我增殖的「資本」類比為自我開展的「理念」，實際上無法解釋資本積累過程如何發生、中斷、陷入危機。因此，「新辯證法」多半只討論《資本論》第一卷，甚少談及處理資本主義危機趨勢的第二、三卷。要完整評估《資本論》的貢獻，不能只把它當成對資本主義的**哲學批判**，還必須將其視為針對資本主義生產方式的結構、機制與趨勢而提出的**解釋性社會─經濟理論**（更詳細的討論見Kincaid, 2008；Callinicos, 2005, 2014, 2015；Carchedi, 2009）。[16]能幫助馬克思做到這點的，是扎實的歷史研究及資料分析，而不僅僅是黑格爾的《邏輯學》，儘管他自己也承認在《資本論》第一卷偶爾會「賣弄起黑格爾特有的表達方式」（Marx, 2017a: 30）。

然而，馬克思確實受黑格爾影響很深，這是閱讀馬克思整體的經濟學著作（不只是《資本論》，還包括一系列手稿）時不可忽略的（體系辯證法學派**以外**的觀點可參考如Ollman, 2003；Moseley, 2014）。但究竟影響的程度如何，目前仍無定論。[17]以下

---

16 復旦大學當代國外馬克思主義研究中心主編的《當代國外馬克思主義評論》第十五期（2017）的主題是「《資本論》與辯證法」，有數篇文章討論了Christopher Arthur的「新辯證法」，也很值得參考。

17 我認為其中大致可分為兩種取向、五種立場（萬毓澤，2018: 81-2）。第一種取向認為，馬克思雖然在部分文脈運用了黑格爾的語彙或論述策略，但**馬克思的辯證法與黑格爾有根本的差別**。在這種立場中，有人認為馬克思的辯證法遠優於主流的社會科學方法論（如Ollman, 2003）；有人認為馬克思的研究策略與當代優秀的

從**《資本論》創作史**的角度對這個問題做初步討論。

根據現有的研究，馬克思從1850年代後期撰寫經濟學手稿，到1867年9月出版《資本論》第一卷為止，至少有兩次機會（重新）仔細閱讀了黑格爾。

第一次是1857年10月底左右，馬克思在偶然的機會下「又把黑格爾的《邏輯學》瀏覽了一遍」，並說「這在材料加工的**方法**（Methode *des Bearbeitens*）上幫了我很大的忙」（見馬克思致恩格斯信函，1858年1月14日：Marx, 1972b: 250；重點為原文所有）。[18]這次的閱讀，明顯影響了《大綱》時期的寫作（1857年10月至1858年5月，包括1858年8-10月為《政治經濟學批判》第一分冊寫的初稿），包括《大綱》的部分內容，以及他在1858年制訂的「六冊」架構。以下分別簡單說明。

首先，黑格爾《邏輯學》第三部分〈概念論〉（*Die Lehre vom Begriff*）的三大範疇是普遍性（*Allgemeinheit*，或一般性）、特殊性（*Besonderheit*）、個別性（*Einzelheit*）。借用恩格斯在《自然辯證法》中的說法，「個別性、特殊性、普遍性，這就是貫穿全部《概念論》的三個規定」（Engels, 2014: 563）。《大綱》的〈資本章〉第一篇在分析資本時便高度仰賴這三個範疇，分別從一般

社會科學相當接近（如Little, 1986）；但也有人認為這種黑格爾色彩使馬克思的研究無法達到當代社會科學的標準（如Rosenthal, 1998）。第二種取向則認為，馬克思（試圖）**完整繼承黑格爾的哲學體系**，以前文簡單討論過的「新辯證法」學派為代表。雖然採取這種取向的研究者多半稱讚《資本論》第一卷全盤掌握了資本主義的「體系」特質（各種經濟範疇環環相扣，形成密不可分的動態體系），但也有人認為《資本論》第一卷的缺點是黑格爾化的程度不夠深，因此不夠「辯證」（如Bell, 2003）。

18 這封信的實際寫作日期不是1858年1月14日（此為馬克思的筆誤），而是1858年1月16日左右。見英文版的 *Marx and Engels Collected Works* 第四十卷注釋266。

性（普遍性）、特殊性、個別性的角度架構對資本的分析（見表三）。在這個意義上，可以說黑格爾的《邏輯學》確實「在材料加工的**方法**上」對馬克思有所幫助，但也只是一種**方法（論）**上的幫助，不代表馬克思對這些範疇的使用可以直接「對應」黑格爾的哲學體系（更詳細的討論請參考Smith, 2014；Moseley, 2014；Fineschi, 2014）。

我大致同意部分歐美學者的看法：馬克思寫作《大綱》的時期，安排經濟範疇的方式帶有強烈的黑格爾色彩，也就是「抽象的概念不斷地內在必然地產生出具體概念」（見田石介，1992: 260），甚至容易讓人以為《大綱》只是一種「概念的辯證法」（Rosdolsky, 1974: 65）。這是因為他當時正開始嘗試「對政治經濟學的基礎進行辯證的表述」（Krätke, 2010: 211）。最明顯的例子，就是當時馬克思仍試圖從貨幣直接「推導」出資本。[19]但他的1861-63年手稿則證明他逐漸拋棄了這種做法。到了《資本論》

---

19 馬克思的做法大致是：先討論貨幣三種職能：價值尺度、流通手段、財富的物質代表（或「一般財富的形式」），強調貨幣一旦成為財富的一般形式，其「本性」就是「要經常地越出自己的界線」：「貨幣作為一般財富的形式，作為獨立化的交換價值，除了量上的運動，除了自身的增長外，不可能有其他的運動。……它只有通過交換過程本身**不斷地倍增自己**，才能保持自己成為不同於使用價值的自為的價值。能動的價值，只是創造剩餘價值的價值」。而這種具有自我擴張動力的貨幣，這種「在流通中並且通過流通而使自己永久化和自行增殖（倍增）的貨幣，就是**資本**」（Marx, 1998b: 386-7）。接下來，他繼續討論，（作為資本的）貨幣是一種「對象化勞動」，也就是「時間上已經過去的、但空間上還存在著的勞動」，而要創造剩餘價值，只能與其對立物進行交換。這種對立物，就是「時間上現存的活的勞動」、「活的主體的**勞動能力**」。因此，重點在於「資本所有者同活的勞動能力的所有者即工人之間的交換」（Marx, 1998b: 394-5）。這是一種「推導」性質的推論：如果貨幣要成為一般財富的形式，就必須成為不斷自我擴張的價值，也就是資本，而要創造剩餘價值，就必須購買勞動力（見Callinicos, 2014: 134-5）。

表三 《大綱》的〈資本章〉如何運用黑格爾的概念論

一般性	（1）資本的一般性 　　a.由貨幣生成資本 　　b.資本和勞動 　　c.資本各要素 （2）資本的特殊化 　　a.流動資本、固定資本、資本流通 （3）資本的個別性 　　a.資本和利潤 　　b.資本和利息 　　c.資本作為價值同作為利息和利潤的自身相區別
特殊性	（1）諸資本的積累 （2）諸資本的競爭 （3）諸資本的積聚
個別性	（1）資本作為信用 （2）資本作為股份資本 （3）資本作為貨幣市場

資料來源：整理自Marx（1998b: 233-4）

第一卷的〈貨幣轉化為資本〉，他則是先引入「資本的總公式」
（G－W－G'），並批判那些「試圖把商品流通說成是剩餘價值
的泉源」的經濟學說，論證「流通或商品交換不創造價值」，接
下來，他「**在一系列現實的經濟事實中，在發達的資本主義經驗
現實中**」（Ilyenkov, 1993: 255）找到了勞動力這種獨特的商品，
說明勞動力的「使用價值本身具有成為價值泉源的獨特屬性」，
因此，唯有勞動力的買賣及使用能夠**既不違反價值規律，又使剩
餘價值成為可能。**換言之，他是**以社會科學經驗研究為基礎來**

逐步引入新的規定，再根據新的規定解決問題，而不是仰賴概念的自我矛盾與其轉化、開展（見Callinicos, 2014: 133-7；Bidet, 2007: 153-68；Ilyenkov, 1993: 247-56）。

再談「六冊」架構。馬克思在制訂自己的寫作計畫時，先是在《大綱》的〈導言〉（1857年8月底完成）中提出「五篇」的研究計畫（Marx, 2009d: 32-3）：

（1）一般的抽象規定

（2）資本、雇傭勞動、土地所有制（按：分別對應三大階級）

（3）資產階級在國家形式上的概括

（4）生產的國際關係

（5）世界市場和危機

不久後，他對這份「五篇」的架構做了調整，並在《政治經濟學批判》第一分冊（寫於1858年11月至1859年1月，於1859年6月出版）的〈序言〉正式提出「六冊」的計畫（Marx, 2009a: 588），並在〈資本章計劃草稿〉（寫於1859年春或1861年夏）中對這個計畫中的第一分冊第一篇第三章「資本一般」做了詳細的規劃（Marx, 1998e）（見表四）。[20] 我們可以看到，在《資本》這

---

20 馬克思最早有「六冊」的構想，見諸於1858年2月22日給拉薩爾的信，信中說「全部著作分成六個分冊：（1）資本（包括一些緒論性的章節）；（2）地產；（3）雇傭勞動；（4）國家；（5）國際貿易；（6）世界市場。」（1972d: 531）。他在3月11日給拉薩爾的信中再次說「整個著作將分成六分冊，不過我並不準備每一分冊都探討得同樣詳盡」（Marx, 1972e: 534）。後來，在1858年4月2日給恩格斯的信也有一樣的說法，並進一步將第一分冊分成四篇：（a）資本一般；（b）競爭或許多資本的相互作用；（c）信用；（d）股份資本（Marx, 1972c: 299）。隔年，馬克思在1859年2月1日給魏德邁的信中也有類似的說法（Marx, 1972f）。

表四　馬克思的「六冊」計畫

資本	資本一般	商品		
		貨幣或簡單流通		
		資本一般	資本的生產過程	貨幣轉化為資本
				絕對剩餘價值
				相對剩餘價值
				原始積累
				雇傭勞動和資本
				簡單商品流通中占有規律的表現
			資本的流通過程	
			資本和利潤	
	競爭（或許多資本的相互作用）			
	信用			
	股份資本			
土地所有制				
雇傭勞動				
國家				
對外貿易				
世界市場				

資料來源：作者自行整理

一冊，一般性（普遍性）、特殊性、個別性的分析架構仍大致存在，但有部分調整。本來表三中歸類為資本「特殊性」的資本積累與積聚，在表四則移到了「資本一般」中的「資本的生產過程」（《資本論》第一卷第七篇就是「資本積累的過程」）。這反

映了馬克思對「資本一般」的想法是不斷演進的(另見第八章)。

承上文,馬克思1861-1863年撰寫經濟學手稿期間,第二次仔細閱讀了黑格爾。馬克思這時對黑格爾《小邏輯》的「存在論」(*Die Lehre vom Sein*)做了詳細的摘要(見O'Malley and Schrader, 1977)。[21]簡單來說,黑格爾的「存在論」是透過「質」(*Qualität*)、「量」(*Quantität*)、「尺度」(*Maß*)的推演,提出「質量互變」的規律。一旦超過某個「尺度」,量變就會導致質變。就質、量、尺度的推演而言,馬克思《資本論》第一卷確實具有黑格爾的色彩。如圖三所示,《資本論》第一卷第一章對「商品」的考察,就是不斷由「質」開展到「量」。比如說,討論商品的「兩個因素」時,是從使用價值(質)到價值(量);討論商品的「勞動二重性」時,是從具體勞動(質)到抽象勞動(量);而在「質」與「量」的內部,又再次進行由質到量的考察,如討論使用價值時,先討論「有用物」(質),再討論「一打表、一碼布、一噸鐵」(量)。讀者可自行對照閱讀。

最後,回來談一談「從抽象上升到具體」的方法。由於馬克思曾說「在形式上,敘述方法(*Darstellungsweise*)必須與研究方法(*Forschungsweise*)不同。研究必須充分地占有材料,分析它的各種發展形式,探尋這些形式的內在聯繫。只有這項工作完成以後,現實的運動才能適當地敘述出來。這點一旦做到,材料的生命一旦在觀念上反映出來,呈現在我們面前的就好像是一個先驗的結構了」(Marx, 2017a: 29-30),有些學者便據此主

---

21 我認為馬克思這時對黑格爾的閱讀及摘要同樣是出於方法(論)的考慮,著眼的是「材料加工的方法」。

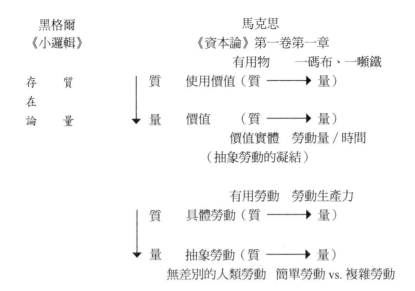

圖三 《資本論》第一卷與黑格爾的「存在論」
資料來源：參考李建平（2006: 23-39）

張：《資本論》的**研究方法**是由具體到抽象，再透過**敘述方法**來從抽象回到具體（見如岡崎榮松，1993: 18；黃瑞祺，2012: 51-2）。但我對這種說法存疑（類似的批判見何青，2007: 22-4）。Fineschi（2013: 71n）指出，馬克思使用的 *darstellen*（動詞）或 *Darstellung*（名詞）意涵不僅僅是「把結果呈現出來」，還涉及「理論本身透過不同的抽象層次向整體的發展」。換言之，「從抽象到具體」**既是開展研究、建構理論的重要環節，也是表述研究成果的方法**。

當然，如前文所討論，研究過程仍必須使用「抽象力」找出關鍵的運作機制。從當代科學哲學的角度來看，「從具體到抽象」

與「從抽象到具體」的結合，其實很接近實在論對研究方法的提示，其中包括幾個環節：

(1) 描述：由具體現象入手，對我們關心的複雜現象進行質或量的描述；

(2) 分析性解析（analytical resolution）：描述現象之後，將複雜的現象進行分解，區分出其中的關鍵元素、面向及其突現特質（emergent properties）和因果作用力（causal powers）；

(3) 逆推法（retroduction）：追問是什麼樣的因果機制造就了 X（前一個步驟抽象出的關鍵元素）；

(4) 比較不同的理論與抽象：針對逆推法提出的因果機制，評估其解釋力；

(5) 具體化（concretization）與脈絡化（contextualization）：研究不同的因果機制如何在特定的脈絡下互動、產生不同或相同的效應（見如 Danermark et al., 2002：109-10）。

這種研究方法，若用比較簡化的說法來概括，或許就是系統論者所謂的「**分割與結合**」（*divide et coniuga*）：**既將複雜系統拆解，找出不同層次的關鍵組成成分、互動模式及運作機制，也考察系統層次的突現特質、宏觀效應以及與其他系統的互動**（見如 Bunge, 2003；Wan, 2012, 2013）。

以上關於方法的討論，當然無法代替對《資本論》的仔細閱讀。《資本論》是複雜、深刻且環環相扣的文本，閱讀旅程自然艱辛耗時，但讀者不妨牢記馬克思所言：

在科學上沒有平坦的大道，只有不畏勞苦沿著陡峭山路攀登的人，才有希望達到光輝的頂點。（Marx, 2017a: 15）

第四章
《資本論》在戰後歐美的知識系譜[1]

　　1960年代中後期，因歐美社會與政治快速激進化（尤其是1968年法國的五月風暴、義大利的「熱秋」），《資本論》成為重要的研究對象。研究者尤其重視其政治與哲學意涵，及其與左翼政治戰略的關係。1960-70年代，歐陸左翼的重大理論議題，多以理解、詮釋《資本論》為前提。

　　以法國為例，由於《資本論》第一卷法文版是馬克思親自修訂後出版的，馬克思本人亦相當重視，因使法國左翼知識界早已有閱讀《資本論》的傳統。二戰後，馬上就出現針對《資本論》和馬克思價值理論的討論（Hoff, 2009: 154）。1950年代以降，以倡議「馬克思學」（*marxologie*）聞名的Maximilien Rubel（1905-1996）編輯出版了一系列的馬克思著作，包括為《資本論》第一卷法文版增補許多注釋後重新出版（1962年），可說功

---

1 《資本論》在亞洲（尤其是中、日和韓）、拉美、非洲等地的狀況皆相當複雜，本書不擬討論。讀者可參考即將於2018年底出版的 *Routledge Handbook of Marx's Capital: A Global History of Translation, Dissemination and Reception*（編者為 Marcello Musto和Babak Amini）。Hoff（2009）考察的是1965年後馬克思的整體思想在各地的繼受與發展狀況，並非侷限於《資本論》本身，但仍非常值得參考。

不可沒。[2]到了1960年代，Louis Althusser及其學生出版的關鍵作品《讀資本論》（*Lire le Capital*，1965）在法國（包括法共內部）引發了大量論戰，Althusser的「結構主義」版本的馬克思主義也迅速影響了其他國家，尤其是英國和拉美（詳細的討論見Hirsh, 1982及Lewis, 2005）。

除了法國外，西德、英國、丹麥的「資本邏輯」（*Kapitallogik*；capital logic）學派針對國家推導（*Staatsableitung*；state derivation）的論辯也多以《資本論》為主要參照點，試圖從《資本論》的範疇中「推導」出「國家」的概念（見如Holloway and Picciotto, 1978及Barker, 1979早期的批評）。[3]又如義大利1960年代起從工人主義（*operaismo*）運動發展出來的「自主馬克思主義」（autonomist Marxism）相當重視馬克思的《大綱》，認為它「代表了馬克思革命思想的頂點；隨著這些筆記而來的，是在理論與實踐上的徹底突破，而這正是革命行動的基礎，也是革命行動之所以有別於意識型態與客觀主義的基礎」（Negri, 1984: 19；見萬毓澤，2006的討論）。[4]除了自主主義外，義大利還有極為

2 Rubel從1940年代就開始研究《大綱》，領先整個西方知識界（見Rubel, 1950），當時《大綱》甚至還沒有在東德出版，只有莫斯科版（Hoff, 2009: 155）。針對Rubel對馬克思著作的編輯、譯述、出版工作，可參考Anderson（1992）的批評。

3 西德的資本邏輯學派後來發展為第三章注釋2提到的「馬克思新解讀」學派，其中一部分著述也影響了前一節簡單討論過的新辯證法學派（見Oittinen and Rauhala, 2014: 172-4）。

4 在1960-70年代《資本論》受到廣泛注目之前，還有一部分研究者的作品價值匪淺，值得略加補述。其中特別重要的三位作者是Isaak Rubin（1886-1937）、Evald Ilyenkov（1924-79），以及前文引述過的Roman Rosdolsky（1898-1967）。Rubin的代表作是《馬克思價值理論論文集》（*Очерки по теории стоимости Маркса*，1924）（1972年譯為英文）；Ilyenkov的重要著作是《馬克思《資本論》中抽象和具

豐富的馬克思主義傳統（如Antonio Labriola、葛蘭西、Galvano Della Volpe、Lucio Colletti等人），在1960-70年代對《資本論》及其手稿做了密集的研究，如經濟學者Claudio Napoleoni（1924-88）當時就出版了《論馬克思未出版的第六章》（*Lezioni sul Capitolo sesto inedito di Marx*，1972），討論《資本論》第一卷手稿中〈直接生產過程的結果〉一文[5]（義大利這段時期針對《資本論》等著作的爭論可參考Bellofiore, 1999）。

但1970年代晚期起，隨著運動的退潮及一連串歷史事件，對馬克思《資本論》及其他作品的探索也逐步停滯。整體來說，1975年葡萄牙「康乃馨革命」的失敗，代表1968年以來的激進化已如強弩之末；中國文革的幻滅，尤其讓許多景仰中國、毛澤東的歐洲左翼知識分子深受打擊。就法國而言，1976-77年間「新哲學家」（*nouveaux philosophes*）興起，Bernard-Henri Lévy、André Glucksmann等人（過去多為毛澤東主義者）與馬克思主義決裂並急速右轉，大量運用傳媒來攻擊左翼；1978年，法共與社

體的辯證法》（*Диалектика абстрактного и конкретного в "Капитале" Маркса*，1960）（1982年譯為英文；中譯本見Ilyenkov, 1993）；最具影響力的則是Rosdolsky的《馬克思《資本論》的形成》（*Zur Entstehungsgeschichte des Marxschen Kapital*，1968）（1977年譯為英文；中譯本見Rosdolsky, 1992）。三人的寫作都浸淫於中歐的學術文化傳統，且都深受史達林主義之害。Rubin遭逢史達林處決，Ilyenkov自殺，Rosdolsky則是重要的托洛茨基主義運動者，最後客死異鄉（見Callinicos, 2014: 19）。

5　此文又稱為「消失的第六章」（the missing sixth chapter），因為馬克思原先將這部分的手稿安排為《資本論》第一卷第六章，但出版時拿掉了。這份文獻1933年首先以德文和俄文出版，但一直要到1960年代譯成法文、義大利文後，才成為重點研究對象。自主主義運動也特別看重此文，認為此文（和《大綱》）能夠扭轉過去許多人對馬克思的「客觀主義」詮釋或技術決定論式的解讀（見萬毓澤，2006: 105-7）。

會黨的選舉聯盟失利，右翼贏得國會多數，社會黨首次取得多於
法共的席次，法共從此江河日下；1981年，社會黨密特朗上台，
但不久後社會黨便向新自由主義靠攏。再看義大利。1970年代中
期起，義大利經歷嚴重的經濟、社會與政治危機。1975年6月，
左翼在地方選舉中還拿下47%的選票，但不到五年，工人運動便
遭受一連串打擊，迅速退潮。1976年6月的國會大選，義共破天
荒搶下34.4%的選票，但選後卻決定與右翼政黨合作，提出「歷
史妥協」（compromesso storico），建議社會黨與天主教民主黨合
作。聯合政府隨後推行各種緊縮政策，逐步收回工人運動的成
果，而義共則利用自己在工會中的影響力，壓制了工人對緊縮政
策的反抗，從而與右翼一起「挽救」了資本主義的危機。1979年
10月，飛雅特甚至一口氣開除了兩萬三千名工人。曾經極有影響
力的自主主義運動，便在1970年代末逐步衰退（萬毓澤，2006:
103-4）。

從歐陸思潮的發展來看，後結構、後現代思潮的蔓延，也讓
馬克思的經濟著作顯得不合時宜，也逐漸少有作品再去探索《資
本論》的概念架構與政治意涵，Perry Anderson（1983: 32）甚至
將當時的巴黎稱為「歐洲知識反動的首都」。法國與義大利的某
些論者當時也宣稱出現了「馬克思主義的危機」（見Callinicos,
1982相對早期的回應）。[6] 1980年代末期，隨著蘇聯東歐陸續發

---

6 1970年代後期到1980年代，歐美知識界雖然對《資本論》的研究漸弱，但也有一
些重要例外，如Dognin（1977）、Duménil（1978）、Grassi（1979）、Bidet（1985，
前文引述過這本書的英譯本：Bidet, 2007）、Cleaver（1979）、Pilling（1980）、
Harvey（1982）、Fausto（1986）、Foley（1986）。其中，特別重要的是法國哲學家
Jacques Bidet於1985年改寫博士論文出版的專書。他率先完整考察馬克思1861-
63年的手稿，反對Negri等左翼知識分子把《大綱》當成詮釋《資本論》的基礎。

生的劇變，《資本論》當然更被當成「歷史終結」的一部分背景了。[7]

　　但不到十年，我們又看到對《資本論》的研究（包含其概念架構、研究方法與具體理論）重新浮上檯面。我將其大致區分為兩個階段。第一階段是1990年代中後期至2000年代中期，我稱之為「復甦期」。在這個階段，對《資本論》的各種研究（包括手稿、方法、價值理論、危機理論等）的興趣開始回溫，也出現了一部分開創性的研究。

　　1990年，在美國馬克思主義經濟學者Fred Moseley的倡議

此外，阿根廷出身的Enrique Dussel是當今研究《資本論》手稿最重要的學者之一。他在1980年代以西班牙文撰寫的「三部曲」徹底研究了當時各種已出版及未出版的手稿，貢獻有目共睹。這三本著作是：《馬克思的理論生產：論《大綱》》（*La producción teórica de Marx. Un comentario a los* Grundrisse）（1985）、《邁向不為人知的馬克思：論1861-63年手稿》（*Hacia un Marx desconocido. Un comentario de los Manuscritos del 61-63*）（1988，英譯本見Dussel, 2001）、《最後的馬克思（1863-1882）與拉丁美洲的解放》（*El último Marx (1863-1882) y la liberación latinoamericana*）（1990）。

7 西德戰後的狀況較為複雜，並不像法國或義大利那樣出現明顯的馬克思主義危機。西德一直有高度發達的「馬克思學」，其中三位重要代表人物都是Theodor W. Adorno的學生：Alfred Schmidt、Hans-Georg Backhaus、Helmut Reichelt（後兩位是「馬克思新解讀」學派的第一代學者，都受到1960-70年代學生與社會運動的影響，進行了多年的合作研究）。即使在1970年代末到1990年代初這段馬克思（主義）的聲譽受到最大衝擊的期間，仍有許多以MEGA²為基礎的嚴謹研究，如Winfried Schwarz、Fred Schrader、Gerhard Göhler、Michael Heinrich等人的作品（可參考Hoff, 2009: 91-2）。比如說，Schrader（1980）是針對馬克思《倫敦筆記》（1850-1853年）的開創性研究；Heinrich（1991）則是「馬克思新解讀」學派第二代的關鍵文本之一，十餘年來不斷修訂再版，目前已出到第七版（2017），英譯本也即將問世。目前德國光是以「馬克思學」（尤其是以MEGA²為基礎的文獻學）為主軸的期刊就有兩份（《馬克思恩格斯研究論集（新版）》〔*Beiträge zur Marx-Engels-Forschung. Neue Folge*〕、《馬克思恩格斯年鑑》〔*Marx-Engels-Jahrbuch*〕），可見其「馬克思學」發達的程度。

下，成立了「馬克思理論國際會議」（International Symposium on
Marxian Theory），從1991年到2012年，每年皆在世界各地聚
會，二十年下來共出版了十一本書。其中，《資本的流通》（*The
Circulation of Capital*，1998）、《資本的頂峰》（*The Culmination
of Capital*，2002）及《資本的構成》（*The Constitution of Capital*，
2004）（見Arthur and Reuten, 1998；Campbell and Reuten, 2002；
Bellofiore and Taylor, 2004）這三本文集收錄了當時國際學界對
《資本論》三卷的最新研究成果，有高度的階段性意義。

　　此外，1990年代中期以來，另一個關鍵的是「時間性單一
系統詮釋」（Temporal Single System Interpretation，TSSI）學派的
成形。TSSI學派要處理的問題，是《資本論》第三卷「價值轉
化為生產價格」的「轉形問題」（transformation problem）。這是
馬克思的經濟理論中最受爭議的部分，爭論已有一個多世紀（對
這段歷史的簡要回顧可參考Saad-Filho, 2012）。批判馬克思的人
向來認為「轉形問題」證明《資本論》第一卷和第三卷有邏輯上
的矛盾，就連部分馬克思主義者（如「分析馬克思主義」）也因
此放棄了馬克思的價值理論，以及由其衍生而來的「利潤率趨向
下降」危機理論[8]（見如Callinicos, 2007: 186-98的討論，以及本書

---

[8]《資本論》第一卷第六章以勞動價值論為基礎，區分出「不變資本」（*konstantes
　　Kapital*；constant capital）（投資於生產資料的資本，在生產過程中不會改變自己
　　的價值量，只會把自己的價值逐步轉移到產品之上）與「可變資本」（*variables
　　Kapital*；variable capital）（投資於勞動力的資本，而勞動力能創造比自身價值還
　　多的價值，也就是剩餘價值），並將不變資本與可變資本的比例稱為有機構成
　　（*organische Zusammensetzung*；organic composition）。第三卷則試圖論證：生產力
　　的提高會導致資本的「有機構成」（不變資本與可變資本的比例）提高，從而導致
　　利潤率下降。換言之，利潤率下降理論是建立在《資本論》第一卷的勞動價值論之
　　上。如果不接受勞動價值論，就沒有理由接受利潤率下降的理論。另請注意，《資

第八章）。根據Moseley（2016）的分析，對「轉形問題」的批評及反批評大致分為六類。其中，TSSI學派從**非均衡分析**的角度重新詮釋馬克思，把**時間**因素引入馬克思的理論架構，並運用了新的數學工具，我認為成果最豐碩，足以代表1990年代中期以來對《資本論》研究的快速復甦（見Freeman and Carchedi, 1996；Kliman and McGlone, 1999；Freeman et al., 2004；Kliman, 2007；Potts and Kliman, 2015，另見Moseley, 2016獨樹一格的「總體貨幣詮釋」）。至於英、法、義語學界，這個時期還有不少值得一提的作品，[9]新一代的馬克思研究者也開始大放異彩（如義大利中生代的經濟學者Riccardo Bellofiore與新生代的Roberto Fineschi）。

第二階段則從2000年代中後期開始，我稱之為「高峰期」，大致可對應部分期刊、學者所謂的「馬克思復興」（Marx Renaissance）。這個階段的研究，有許多與這十年來的全球經濟危機直接或間接相關，也比較具有現實感與政治意涵。[10]其中，

本論》第二卷第八章還從資本周轉的角度區分了「固定資本」（*fixes Kapital*；fixed capital）（在生產過程中，其價值並非一次全部轉移到新產品之上，而是按照耗損程度逐漸轉移）與「流動資本」（*zirkulierendes Kapital*；circulating capital）（其價值一次全部投入生產過程，而非分期轉移，因此周轉速度比固定資本快）。台灣過去部分的馬克思研究經常混淆不變、可變、固定、流動資本等概念，如洪鎌德（2015: 290）將不變與可變資本分別稱為「固定」與「變動」資本，就容易讓人以為是在討論固定與流動資本。

9 如Tombazos（1994，英譯見2014）、Bellofiore（1998）、Fineschi（2001）、Saad-Filho（2002）、Mazzone（2002）、Duménil and Lévy（2003）、Tran（2003）、Lebowitz（2003）、Bidet（2004）、Arthur（2004）。

10 重要的歐陸及英美作品包括如Trigg（2006）、Albritton（2007）、Kliman（2007）、Shapiro（2008）、Fineschi（2005, 2008）、Bellofiore and Fineschi（2009，中譯本

德語學界對《資本論》的研究一直有穩定的產出，在1980年代
以後沒有明顯的中斷。「馬克思新解讀」學派的晚近研究包括如
Heinrich（2004, 2008, 2013；2004的英譯本已出版，見2012）、
Reichelt（2008）、Elbe（2010），是德國的馬克思研究中最有影
響力的學術流派。此外，亦有不少非「馬克思新解讀」學派的作
品，如Haug（2013）。

見2010）、Lebowitz（2009）、Harman（2009）、Dunn（2009, 2014）、Fischbach
（2009）、Foster and Magdoff（2009）、Best（2010）、Bihr（2010）、Smith
（2010）、Weeks（2010）、Carchedi（2011）、Jameson（2011）、Smith（2012）、
Hudis（2012）、Harvey（2010, 2013）、Fornäs（2013）、Henderson（2013）、
Lapavitsas（2013）、Callinicos（2014）、Moseley and Smith（2014）、Pradella
（2015）、Fuchs（2015）、Chattopadhyay（2016）、Subasat（2016）、Roberts
（2018）。

第五章
《資本論》：誤讀與務讀

　　有個笑話這麼說：什麼是「經典」？經典就是人人聽過，但沒人真的讀過的那些書。《資本論》的命運也是如此，人云亦云者眾，精讀原典者寡。以下舉幾個例子，說明「誤讀」之常見與「務讀」之必要。

1. 馬克思討論的是十九世紀的資本主義？

　　一個常見的批評是：馬克思討論的是十九世紀的資本主義，但現在已經是「後工業社會」、「資訊社會」、「後資本主義社會」的時代，故馬克思的論述早已過時。我們先看《資本論》第三卷如何討論「資本主義生產的三個主要事實」：

（1）「生產資料集中在少數人手中，因此不再表現為直接勞動者的財產，而是相反地轉化為社會的生產能力，儘管首先表現為資本家的私有財產」。

（2）「勞動本身由於協作、分工以及勞動和自然科學的結合而組織成為社會的勞動」。

（3）「世界市場的形成」（Marx, 2017c: 262-3）。

此外，第一卷也有相關的分析，如指出資本主義的特徵是「全部產品或至少大部分產品採取商品的形式」，包括**勞動力也轉化為商品**：「只有當生產資料和生活資料的占有者在市場上找到出賣自己勞動力的自由工人的時候，資本才產生」（Marx, 2017a: 157-8）。借用馬克思著名的說法，「資本不是一種物，而是一種以物為中介的人和人之間的社會關係」（*Ibid.*: 732）。

這些「主要事實」迄今沒有發生根本的變化，也不只是「工業革命後初期自由放任的資本主義」或「工業資本主義」（洪鎌德，2015: 304）才具有的特徵。再者，馬克思所謂的工人階級或無產階級，不是指「藍領」、「體力勞動者」，也不只是「工業從業者」（洪鎌德，2015: 436），而是指「把自己的勞動力當作自己的財產，從而當作自己的商品」（Marx, 2017a: 156）在市場上出售的受雇者。[1]至於什麼是「勞動力」？馬克思說得很清楚：「一個人的身體即活的人體中存在的、每當他生產某種使用價值時就運用的體力和智力的總和」（*Ibid.*），因此，當然不限於單純的「體力勞動」。[2]

---

1 青年馬克思受到巴黎的工人運動影響後，在〈《黑格爾法哲學批判》導言〉（1843-44）中開始將無產階級視為普遍階級（該文的名言：無產階級「本身表現了人的完全喪失，並因而只有通過人的完全恢復才能恢復自己」）。這種表述方式是哲學性質的。但馬克思與恩格斯展開合作後，對英國的狀況及政治經濟學有了更多的認識，「無產階級」這個概念才逐漸具有更豐富的社會與經濟意涵（Draper, 1977: 129-67）。

2 第一卷還這麼說：「大工業領域內生產力的極度提高，以及隨之而來的所有其他生產部門對勞動力的剝削在強度和範圍兩方面的加強，使工人階級中越來越大的部分有可能被用於非生產勞動，特別是使舊式家庭奴隸在『僕役階級』（如僕人、使

　　舉另一個相關的例子。英國記者Paul Mason的近作《後資本主義：對未來社會的指引》（*PostCapitalism: A Guide to Our Future*）廣受關注。他在書中旁徵博引馬克思主義的經濟危機理論，涵蓋了康德拉季耶夫（Nikolai Kondratiev）、希法亭（Rudolf Hilferding）、盧森堡（Rosa Luxemburg）等一般讀者不熟悉的人物及學說。但談到馬克思本人時，Mason卻說「馬克思當時無法考慮到二十世紀的主要現象，如國家資本主義、壟斷、複雜的金融市場和全球化」（2015: 54）。讀了《資本論》，就會知道此言差矣。比如說，第一卷第二十三章〈資本主義積累的一般規律〉便分析了資本積聚（單個資本的增長）和集中（資本對資本的兼併）的趨勢：

　　在其他條件不變時，商品的便宜取決於勞動生產率，而勞動生產率又取決於生產規模。因此，較大的資本戰勝較小的資本。……競爭的結果總是許多較小的資本家垮台，他們的資本一部分轉入勝利者手中，一部分歸於消滅。

　　信用事業……把那些分散在社會表面上的大大小小的貨幣基金吸引到單個的或聯合的資本家手中……很快它就成了競爭鬥爭中的一個新的可怕的武器。（Marx, 2017a: 601-2）[3]

女、侍從等等）的名稱下越來越大規模地被再生產出來」（Marx, 2017a: 425）。這證明了馬克思討論的工人階級不限於「製造業」，而是泛指**各行各業的受雇者**。但即使是製造業，如果我們（像馬克思那樣）把資本主義當成世界性的體系來考察，也會發現從業人口並未減少，而是大量增加了。（想想中國、印度、巴西或非洲！）

3 如第三章所述，這是第一卷少數引入競爭因素的章節。

　　而股份制、信貸體系則「再生產出了一種新的金融貴族，一種新的寄生蟲——發起人、創業人和徒有其名的董事；並在創立公司、發行股票和進行股票交易方面再生產出了一整套投機和欺詐活動。這是一種沒有私有財產控制的私人生產」（Marx, 2017c: 444）。馬克思的洞察力，使他超越了「十九世紀資本主義」當下的經驗現實，直指資本主義最核心的驅動機制，從而預見了許多二十（甚至二十一）世紀的經濟趨勢及動力。

　　事實上，馬克思投入政治經濟學的研究之後，就逐步放棄了「方法論民族主義」，進而把資本主義當成全球性的動態發展體系來考察（見Pradella, 2013, 2015, 2017a, 2017b）。就算不提《資本論》，早在1848年的《共產黨宣言》就有大量與「全球化」有關的段落。[4] 我們也別忘了，根據馬克思在〈《政治經濟學批判》導言〉擬定的寫作計畫，最後一部分是要以「生產的國際關係」和「世界市場和危機」來收尾的（Marx, 2009c: 33）。把馬克思僅僅當成「十九世紀」的經濟學家或思想家，實在低估了他的貢獻。[5]

---

4 這段可能是最為人所知的：

　　資產階級，由於開拓了世界市場，使一切國家的生產和消費都成為世界性的。……古老的民族工業被消滅了，並且每天都還在被消滅。它們被新的工業排擠掉了，新的工業的建立已經成為一切文明民族的生命攸關的問題；這些工業所加工的，已經不是本地的原料，而是來自極其遙遠的地區原料；它們的產品不僅供本國消費，而且同時供世界各地消費。舊的、靠本國產品來滿足的需要，被新的、要靠極其遙遠的國家和地帶的產品來滿足的需要所代替了。過去那種地方的和民族的自給自足和閉關自守狀態，被各民族的各方面的互相往來和各方面的互相依賴所代替了。（Marx and Engels, 2014: 105-6）

5 近來出版的兩本馬克思傳記（Sperber, 2014；Stedman Jones, 2016）在這方面都令人失望。Sperber（2014: xv）甚至認為「無論是從它的核心元素看，還是從政治經濟學家為了理解它進行的辯論上看，今時今日的環境中都已經不存在這種資本主義了」。

　　當然，這不代表資本主義從未發生變化。我們仍然必須發展出一套分析架構，為資本主義的長期發展做出質（qualitative）的或階段（stadial）的區分。例如日本的宇野學派便認為，我們必須對資本主義進行多層次的分析，包括（1）純粹的資本主義體系；（2）全球資本主義的歷史階段理論（中層分析）；（3）各資本主義國家的具體發展（Hodgson et al., 2001: 5-8；岡崎榮松，1993: 21）。[6]這種研究途徑，除了有其馬克思主義的傳統，也已被當代眾多資本主義的研究者接受（如晚近關於「資本主義多樣性」的研究），並累積了可觀的理論與經驗資料。以中層分析為例，不少延續馬克思分析架構的學者都認為「新自由主義全球化」是全球資本主義自1980年代以來的新發展階段（見如Went, 2002；Duménil and Lévy, 2011；Kotz, 2015），[7]儘管「新自由主義」這個概念的適用性已受到不少挑戰。

　　此外，也有部分學者根據先進資本主義國家的某些嶄新特徵，既運用、批判、開展馬克思使用的經濟範疇，也提出新的界定方式，例如以非物質勞動（immaterial labor）和知識經濟為基礎的「認知資本主義」（cognitive capitalism）（見如Moulier Boutang, 2011；Boffo, 2012；McQuade, 2015），或以數位資訊科技為核心的「數位資本主義」（digital capitalism）（如Fuchs and Misco, 2016；Fuchs, 2014, 2017）。

---

6 其實這不只適用於資本主義的研究。馬克思在研究封建主義時，便運用了中層分析的方法來將封建主義分析為幾個歷史階段，見Marx（2017c: 791-819）、Fine and Harris（1979: 104-19）。

7 延續馬克思分析架構的一個例子，是考察《資本論》第二卷區分的三種「資本形態」（貨幣資本、生產資本、商品資本）各自在多大的程度上達到了「全球化」，以理解當前的「全球化」與過去的資本主義相比是否發生了質的變化。

2. 馬克思提出了「絕對貧困化理論」？

　　另一個常見的批評，是說馬克思主張「工人報酬（工資）的節節下降」，即所謂「工人貧窮論」，但既然「工人階級愈來愈貧窮的說法完全落空」，證明馬克思的理論有誤（洪鎌德，2015: 294, 436）。知名的奧地利學派經濟學家米塞斯（Ludwig von Mises，1881-1973）亦曾如此批評馬克思的經濟學說：

> **工人階級無法避免的日益貧困化**，這樣一條已被歷史引人注目地證明為錯誤的規律，對馬克思及其追隨者來說，卻仍然是經濟學和歷史演化的兩條基本規律中的一條。另外一條與之相伴的規律，早在馬克思之前就被經濟學家稱為「**工資鐵律**」，儘管馬克思出於純粹的個人原因不喜歡這個術語，但他所有的經濟學說，如《共產黨宣言》和《資本論》所闡述的理論，都是以這條鐵律為基礎。（von Mises, 1990: 219-20，重點為筆者所加）

　　上述命題通常稱為「絕對貧困化」（*absolute Verelendung*；absolute immiseration），基礎則是所謂「工資鐵律」（工人領取的工資總是只能維持最低的生活所需）。許多對馬克思學說感興趣的人，都堅信馬克思有這種主張。就連 Stedman Jones（2016: 430）最近出版的馬克思傳記也還在重複這種論調：「馬克思未能在『資本主義生產的進步』和『生產者的貧困化』之間建立令人信服的邏輯聯繫」。

　　首先要指出，這種看法有一定程度的事實依據，不盡然是杜

撰。如1848年的《共產黨宣言》便提出了類似「絕對貧困化」或「工資鐵律」的說法：

> 雇傭勞動的平均價格是最低限度的工資，即工人為維持其工人的生活所必需的生活資料的數額。因此，雇傭工人靠自己的勞動所占有的東西，只夠勉強維持他的生命的再生產；現代的工人卻相反，他們並不是隨著工業的進步而上升，而是越來越降到本階級的生存條件以下。工人變成赤貧者，貧困比人口和財富增長得還要快。（Marx and Engels, 2014: 130, 123）

然而，要瞭解馬克思的經濟學說，不能只以《共產黨宣言》為根據。事實上，成熟時期的馬克思一貫反對任何「工資鐵律」。《資本論》第一卷明白指出：

> 生活資料的總和應當足以使勞動者個人能夠在正常生活狀況下維持自己。由於一個國家的氣候和其他自然特點不同，食物、衣服、取暖、居住等等自然需要本身也就不同。另一方面，所謂必不可少的需要的範圍，和滿足這些需要的方式一樣，本身是歷史的產物，因此多半取決於一個國家的文化水準，其中主要取決於自由工人階級是在什麼條件下形成的，從而它有哪些習慣和生活要求。因此和其他商品不同，**勞動力的價值規定包含著一個歷史的和道德的要素**。（Marx, 2017a: 159，重點為筆者所加）

　　馬克思在〈工資、價格和利潤〉（1865年在國際工人協會總委員會會議上的報告）還指出，「這一歷史的或社會的要素可能擴大，也可能縮小，甚至可能完全消失」，因為「資本家總想把工資降低到生理上所容許的最低限度，把工作日延長到生理上所容許的最高限度，而工人則在相反的方面不斷地對抗。歸根結柢，這是**鬥爭雙方力量對比**的問題」（Marx, 2009b: 74, 75，重點為筆者所加）。[8]

　　因此，對馬克思來說，工資問題是動態的歷史發展過程，既取決於資本積累的動力，也取決於勞動者在既有條件下的集體抵抗（如工會的組織狀況）。

　　《資本論》中最可能從「絕對貧困化」的角度來解釋的文本依據，應該是第一卷二十三章〈資本主義積累的一般規律〉的這段話：

　　　　在資本主義體系內部，一切提高社會勞動生產力的方法都是靠犧牲工人個人來實現的；一切發展生產的手段都轉變為統治和剝削生產者的手段，都使工人畸形發展，成為局部的人，把工人貶低為機器的附屬品，使工人受勞動的折磨，從而使勞動失去內容，並且隨著科學作為獨立的力量被併入勞動過程而使勞動過程的智力與工人相異化；這些手段使工人的勞動條件變得惡劣，使工人在勞動過程中屈服於最卑鄙的可惡的專制，把工人的生活時間變成勞動時間，並且把工人

---

8 洪鎌德（2015: 304）認為馬克思的看法是「景氣好的時候，工人獲得的工資大於最低生存所需開銷」。但馬克思討論的並不是「景氣」問題。

的妻子兒女都拋到資本的札格納特車輪下。但是，一切生產
剩餘價值的方法同時就是積累的方法，而積累的每一次擴大
又反過來成為發展這些方法的手段。由此可見，**不管工人的
報酬高低如何**，工人的狀況必然隨著資本的積累而日趨惡
化。最後，使相對過剩人口或產業後備軍同積累的規模和能
力始終保持平衡的規律把工人釘在資本上，比赫斐斯塔司的
楔子把普羅米修斯釘在岩石上釘得還要牢。這一規律制約著
同資本積累相適應的貧困積累。因此，在一極是財富的積
累，同時在另一極，即在把自己的產品作為資本來生產的階
級方面，是**貧困、勞動折磨、受奴役、無知、粗野和道德墮
落**的積累。（Marx, 2017a: 618-9）

我們可以從兩個角度來討論。首先，這段話確實提到「不管
工人的報酬高低如何」，可見不是洪鎌德所說的「工人報酬的節節
下降」。馬克思指涉的毋寧是工人的**整體狀況受到貶抑**（包括身心
狀況、社會文化處境）。這是不是事實？以台灣為例，如果是工
時合理、薪資優渥的產業，工人的處境當然已有大幅改善；但如
果是日漸普遍的非典型勞動（如部分工時、派遣），或受到制度
性歧視及壓迫的移工，馬克思的描述倒是仍有高度的說服力。[9]
　其次，我們不要忽略馬克思的論述策略。如本書第三章所
述，馬克思通常是在特定的假設下進行推論，且這裡（第一卷第

---

9 即使是形象光鮮亮麗的高科技產業，也有不堪聞問的一面。如2017年6月台灣某手
　機板製造商發生四死七傷的重大意外，就讓許多員工感嘆「接觸到的不是強酸就是
　強鹼，另外還有粉塵，環境差到令人難以忍受」（《蘋果日報》2017年06月27日，
　〈羨幕工程師嗎？心酸！職場曝光〉）。

七篇）的假設是「資本按正常的方式完成自己的流通過程」。換言之，如Harvey（2010: 283）所言，對這段文字的正確解讀應該是「如果世界以這種方式運作，結果就會是工人日益的貧困化」。

據此，我的建議是：閱讀《資本論》時，一來要注意原典的文本證據，二來要熟悉馬克思的論證策略，盡量不要「從這卷或那卷引用幾個段落，彷彿它們是純粹的、無條件的真理」（Harvey, 2013: 5），而是要將這些段落放在整體視野下看待。而這又將我們帶回本書一再強調的重點：《資本論》有三卷，切莫厚此薄彼。

3. 歷史唯物論

《資本論》有部分提示歷史唯物論原理的段落，補充了馬克思其他著作的論述。比如說：

> 從直接生產者身上榨取無酬剩餘勞動的獨特經濟形式，決定了統治和從屬的關係，這種關係是直接從生產本身中生長出來的，並且又對生產發生決定性的反作用。但是，這種由生產關係本身中生長出來的經濟共同體的全部結構，從而這種共同體的獨特的政治結構，都是建立在上述的經濟形式上的。任何時候，我們總是要在生產條件的所有者同直接生產者的直接關係——這種關係的任何當時的形式必然總是同勞動方式和勞動社會生產力的一定發展階段相適應——當中，為整個社會結構，從而也為主權關係和依附關係的政治形式，總之，為任何當時的獨特的國家形式，發現最隱蔽的祕

密，發現隱藏著的基礎。（Marx, 2017c: 799）

這段文字將生產關係與「剝削」（以及與之對應的政治結構和政治支配）結合起來討論，是重要的方法論基礎。請注意，馬克思所謂的「剝削」（榨取剩餘勞動）絕非資本主義所獨有：

> 資本並沒有發明剩餘勞動。凡是社會上一部分人享有生產資料壟斷權的地方，勞動者，無論是自由的或不自由的，都必須在維持自身生活所必需的勞動時間以外，追加超額的勞動時間來為生產資料的所有者生產生活資料，不論這些所有者是雅典的貴族，伊特魯里亞的僧侶，羅馬的市民，諾曼的男爵，美國的奴隸主，瓦拉幾亞的領主，現代的地主，還是資本家。（Marx, 2017a: 221）

> 使各種經濟的社會形態例如奴隸社會和雇傭勞動的社會區別開來的，只是從直接生產者身上，勞動者身上，榨取這種剩餘勞動的形式。（Marx, 2017a: 204）

那麼，《資本論》本身揭示的歷史圖像又是如何？洪鎌德（2014: 325）認為「《資本論》的中心理念為應用進化論的原理來解釋人類社會至今為止發展之步驟與過程」。但由於馬克思處理的對象主要是西歐，因此經常招來「歐洲中心論」之譏（見Lindner, 2010的回顧）。的確，《資本論》認為西歐是資本主義的起源地，而西歐的經濟發展帶來了世界性的商業和市場：「商品生產和發達的商品流通，即貿易，是資本產生的歷史前提。世

界貿易和世界市場在十六世紀揭開了資本的近代生活史」（Marx, 2017a: 137）。這種「大航海時代」式的史觀確實以西歐為分析核心（見如柄谷行人，2015的批判）。

《資本論》第一卷初版序言還有這樣的說法：「工業較發達的國家向工業較不發達的國家所顯示的，只是後者未來的景象」（Marx, 2017a: 2）。這幾乎可解讀為單線的歷史演化論或決定論。第一卷討論「原始積累」的部分，則說「這種剝奪的歷史在不同的國家帶有不同的色彩，按不同的順序、在不同的歷史時代通過不同的階段。只有在英國，它才具有典型的形式，因此我們拿英國作例子」（*Ibid.*: 689）。這種說法，也容易讓人以為所有國家都**必須**經過原始積累的階段過渡到資本主義，英國只不過是其中的典型。

然而，馬克思從1850年代起，透過本身投入的政治活動（尤其是與憲章運動左翼的來往，以及在第一國際的組織工作，見第七章），已經更全面地反省殖民主義的問題；到了晚年，更對古代社會、東方社會等「資本主義前史」做了大量研究。後期馬克思的史觀似乎更為開闊，從早期或多或少「單線」的歷史演化模型，轉變為「多線」的發展觀（見如Anderson, 2010）。以下先提供兩個與《資本論》有關的文本證據（相關討論見第八章）。

眾所周知，馬克思對《資本論》第一卷的法文譯本做了大量的修訂工作。值得注意的是，馬克思在法譯本中更動了以上引述的兩段文字。初版序言那句話改成了「工業最發達的國家向那些**就工業規模來說跟在後面的國家**（*le suivent sur l'échelle industrielle*）所顯示的，只是後者未來的景象」（Marx, 2016b: 17，重點為筆者所加）。換言之，尚未踏上工業化道路的國家，

如俄國、印度和中國，**有可能走其他的道路**。至於原始積累的段落，馬克思則大幅改寫為「全部過程的基礎是對農民的剝奪。這種剝奪只是在英國才徹底完成了⋯⋯但是，西歐的其他一切國家都正在經歷著同樣的運動」（Marx, 2016b: 770-71；另見2009c: 589）。把範圍明確限定在「西歐」，就沒有「歐洲中心論」的詮釋問題了（cf. Stedman Jones, 2016: 581-2）。[10]

4. 異化

Louis Althusser在1960年代曾借用科學哲學家Gaston Bachelard的術語，提出相當著名的說法：青年與成熟的馬克思之間有「認識論的斷裂」（*coupure épistémologique*；epistemological break）。馬克思在1845年經歷此斷裂後，便從哲學過渡到經濟學，也從意識型態過渡到科學。青年馬克思的重要概念是「異化」（*Entfremdung/ Entäußerung*；estrangement/alienation）（見孫中興，2010對《1844年經濟學哲學手稿》的詳細解讀），而Althusser認為馬克思在後期鮮少使用這個詞彙。[11]

---

10 另請參考馬克思晚年兩份著名文獻：〈給《祖國紀事》雜誌編輯部的信〉及〈給維・伊・查蘇利奇的覆信〉。馬克思晚年採取的這種「多線」史觀，後來由托洛茨基的「不平衡與綜合發展」理論集其大成，使馬克思主義者「得以擺脫把歷史視作為一系列預先決定的、次序不變的歷史階段的演化式史觀」，從而在政治戰略上「脫離了歐洲中心主義，認為邊緣國家有可能成為歷史運動的先鋒」（Löwy, 2006: 46-7）。

11 不論馬克思學或馬克思主義的研究，「異化」都是核心的爭議。自《1844年經濟學哲學手稿》於1932年首次在德國公開出版以來，已有超過八十年的爭論史。本章無法回顧這些爭論，只能簡單說明「異化」這個概念在《資本論》中並沒有缺席。至於《資本論》與《手稿》使用「異化」概念的方式有何異同（例如《資本論》不是在哲學人類學的意義上使用這個詞彙），則非本書能處理。

　　但首先，馬克思1857-58年的《大綱》當時還沒有法文全譯本（第一個法譯本出現在1967-8年，且譯文品質不佳），因此Althussser只讀過其中的〈導言〉（Tosel, 2008: 223；另見Levine, 2011）。事實上，《大綱》恰恰有許多類似《1844年經濟學哲學手稿》的文字，只是分析的內容、使用的經濟範疇都更為豐富了。如以下這兩段：

　　　工人必然會變得貧窮，因為他的勞動的創造力作為資本的力量，作為他人的權力（*fremde Macht*；筆者按：也可譯為「異己的權力」）而同他相對立。他把勞動作為生產財富的力量轉讓出去（*entäußert sich*）；而資本把勞動作為這種力量據為己有。（Marx, 1998b: 266）

　　　隨著勞動生產力的發展，勞動的物的條件即物件化勞動，同活勞動相比必然增長……。勞動的客觀條件對活勞動具有越來越巨大的獨立性……而社會財富的越來越巨大的部分作為異己的和統治的權力同勞動相對立。關鍵不在於對象化，而在於異化（*Entfremdetsein*），外化（*Entaüßertsein*），外在化（*Veraüßertsein*），在於不歸工人所有，而歸人格化的生產條件即資本所有，歸巨大的對象〔化〕的權力所有……。（Marx, 1998c: 243-4）[12]

　　何青（2007: 56-7）的說法是正確的：「馬克思的勞動價值理

---

12 更詳細的討論見如Mandel（1971: 154-86）、Carver（2008）、Musto（2010b）。

論……帶來了對異化理論的科學說明。……剩餘價值理論建立之後，便不需要用『異化勞動』這種含糊的哲學觀念來解釋剝削的關係」。但這不表示「異化」的概念在馬克思後期的著作中消失了。即使不談《大綱》，光是在《資本論》三卷，我們還是可以發現不少與異化有關的論述。以下是一些有代表性的段落。

　　資本主義生產方式使勞動條件和勞動產品具有的與工人相獨立和相異化的形態，隨著機器的發展而發展成為完全的對立。（Marx, 2017a: 410）。

　　一方面，生產過程不斷地把物質財富轉化為資本，轉化為資本家的價值增殖手段和消費品。另一方面，工人不斷地像進入生產過程時那樣又走出這個過程：他是財富的人身源泉，但被剝奪了為自己實現這種財富的一切手段。因為在他進入過程以前，他自己的勞動就同他相異化（entfremdet）而為資本家所占有，併入資本中了，所以在過程中這種勞動不斷對象化在為他人所有的產品（fremdes Produkt）[13] 中。……工人本身不斷地把客觀財富當作資本，當作同他相異己的、統治他和剝削他的權力來生產。（Ibid.: 549）。

　　資本關係實際上把內在聯繫隱藏起來了，使工人在自己勞動的實現條件面前處於完全不相干（Gleichgültigkeit）、完全外在化（Äußerlichkeit）和異化（Entfremdung）的狀態中。

---

13 這裡的 fremdes Produkt 亦可譯為「異己的產品」，以凸顯異化的意涵。

（Marx, 2017c: 86）。

　　生產資料已經轉化為資本，也就是生產資料已經和實際的生產者相異化，生產資料已經作為他人的財產，而與一切在生產中實際進行活動的個人（從經理一直到最後一個短工）相對立。（*Ibid.*: 443）。

　　在發達的資本主義生產方式下，勞動者不是生產條件即他所耕種的土地、他所加工的原料等等的所有者。但是在這裡，與生產條件同生產者的這種異化（*Entfremdung der Produktionsbedingung vom Produzenten*）相適應，生產方式本身發生了真正的變革。（*Ibid.*: 612）。

　　實際上，我們在《資本論》第一卷的〈工作日〉、〈機器與大工業〉、〈所謂原始積累〉等章節，都可以看到馬克思強烈的人道關懷。因此，多數研究者已不再傾向將前期與後期的馬克思簡單對立，而是試圖（1）在理論上「將《資本論》和《1844年經濟學哲學手稿》中的馬克思統一起來」（Harvey, 2016: 307），但同時又（2）不將馬克思後期的經濟學著作化約為某種「異化理論」。

第六章
馬克思先生走進了地獄：
文學視角下的《資本論》[1]

　　在古典的社會科學家中，馬克思的文學素養可能是最為深厚的，年輕時還寫過詩、戲劇和小說。[2]如Wheen（2017: 18）所描述，馬克思週日攜家帶眷到公園野餐時，經常朗誦莎士比亞、但丁與歌德的作品。其中，莎士比亞的全集是馬克思的「家庭聖經」：「家裡所有人都知道莎士比亞的大部分作品。在壁爐旁，在花園裡，他們背誦、表演、引用並辯論莎士比亞」（Holmes, 2017: 16）。耳濡目染下，小女兒愛琳娜（Eleanor Marx）甚至六歲就能背誦莎士比亞戲劇的大量台詞（Chikin, 2011: 126；Holmes, 2017: 16）。

　　馬克思的作品，尤其是《資本論》第一卷，更是大量運用文學典故、人物、隱喻，處處機鋒。已有一些研究有系統地整理各類文學作品如何形塑了馬克思的寫作風格，甚至影響了他的思想

---

1 本節標題靈感來自李敖在胡適過世後發表的〈胡適先生走進了地獄〉（1962）。至於馬克思為何走進地獄？且看後文分解。

2 除了馬克思外，社會學領域所謂的幾位古典大家（涂爾幹、韋伯、齊美爾）都有一定的文學底子，但沒有人能像馬克思一樣信手拈來，將各類文學典故及文句緊密鑲嵌在論證結構中。

發展。Prawer（2011: 385, 399）在他的名作中便寫道：

> 他絕不只是在這些〔文學〕作品中尋求美學的愉悅而已。
> 透過這些作品，他試圖讓自己感受孕育這些作品的社會條
> 件，並瞭解他永無機會造訪的國家有哪些社會現象與看
> 法。……文學修飾了他的個人生活與私人事務；他的博士論
> 文引用了大量的文學作品；早年擔任記者時，文學成為他作
> 戰時強而有力的武器；他的世界觀逐漸從早期混合了黑格爾
> 和費爾巴哈的思想當中浮現時，他透過文學來確認、闡述自
> 己的新觀點；成熟的馬克思試圖建立的體系如果沒有為文學
> 和其他藝術留下穩固、突出的位置，他覺得這樣的體系是不
> 會完整的；晚年的馬克思則不斷從文學作品中得到精神的滋
> 養、遊戲的材料、論戰的彈藥。

　　與本書主旨最相關的，應該是《資本論》第一卷中頻繁出現
的莎士比亞。根據統計，馬克思從十八歲開始，在各類作品及書
信中至少引用過176次莎士比亞；其中，論戰性的著作《福格特
先生》（*Herr Vogt*，1860）引用了26次，《資本論》第一卷也有
13次（Smith, 2017: 105n）。一般讀者可能比較不熟悉的是，馬
克思青年時期在《萊茵報》寫的政論，也經常引用莎士比亞的作
品。用Prawer（2011: 39n）的話來說，馬克思習於在開展論證到
一定的程度後，便引用一段當時讀者熟悉的莎士比亞文句，以收
畫龍點睛之效。比如說，1842年11月30日的〈奧格斯堡報的論
戰術〉便大量穿插了莎士比亞的《奧賽羅》、《李爾王》來批判
奧格斯堡的《總匯報》（見Marx, 1995a: 323-28）。馬克思就是這

樣淋漓盡致地將文學資源化為論戰修辭，也讓他在古典社會科學家中獨樹一格。

回到《資本論》第一卷。第一卷其中一段極為精彩的文字，是對貨幣的討論。馬克思以雄辯的語言寫道：

> 因為從貨幣身上看不出它是由什麼東西轉化成的，所以，一切東西，不論是不是商品，都可以轉化成貨幣。一切東西都可以買賣。流通成了巨大的社會蒸餾器，一切東西拋到裡面去，再出來時都成為貨幣的結晶。連聖徒的遺骨也不能抗拒這種煉金術，更不用說那些人間交易範圍之外的不那麼粗陋的聖物了。正如商品的一切質的差別在貨幣上消滅了一樣，貨幣作為激進的平均主義者把一切差別都消滅了。[3]

接著，馬克思在注腳中引用了莎士比亞《雅典的泰門》(*Timon of Athens*，又名《雅典的泰蒙》、《雅典人泰門》、《黃金夢》) 第四幕第三場的這段台詞：

> 金子！黃黃的，發光的，寶貴的金子！

---

[3] 齊美爾有非常接近的說法，可供比較：「貨幣給現代生活裝上了一個無法停轉的輪子，它使生活這架機器成為一部『永動機』，由此就產生了現代生活常見的騷動不安和狂熱不休……。貨幣經濟使日常交往中持續的數字運算成為必要。許多人的生活中充斥了這樣的事情：對價值進行確定、衡量、計算，將質的價值化約為量的價值。……因此事物在某種程度上被磨光、磨平，它們粗糙的表面日趨平滑，不間斷的夷平過程在事物之間展開，它們的流通、給予和接受以一種完全不同於自然經濟時代的速度進行，越來越多的東西，看起來置身於交換之外，實際上卻被捲入永不間歇的交換之流」(Simmel, 2010: 13, 14, 16)。

> 只這一點點兒，就可以使黑的變成白的，醜的變成美的，
> 錯的變成對的，卑賤變成尊貴，老人變成少年，懦夫變成
> 勇士。
> 嚇！你們這些天神們啊，為什麼要給我這東西呢？
> 嘿，這東西會把你們的祭司和僕人從你們的身旁拉走；
> 把壯漢頭顱底下的枕墊抽去；
> 這黃色的奴隸可以使異教聯盟，同宗分裂；
> 它可以使受咒詛的人得福，使害著灰白色的癩病的人為眾
> 人所敬愛；
> 它可以使竊賊得到高爵顯位，和元老們分庭抗禮；
> 它可以使雞皮黃臉的寡婦重做新娘……
> 來，該死的土塊，你這人盡可夫的娼婦……[4]

　　莎士比亞在這裡之所以將貨幣（金子）這個「改死的土塊」
（damned earth）比擬為「人盡可夫的娼婦」（common whore of
mankind），用馬克思的話來說，恰恰是因為貨幣可以與一切（使
用）價值進行交換，使「一切質的差別在貨幣上消滅」。無怪乎
馬克思從青年時代便對《雅典的泰門》情有獨鍾，屢次在筆記、
手稿中將之摘記下來。如他在《1844年經濟學哲學手稿》先後

---

4 這個中譯（也就是現行的《資本論》中譯本採用的中譯）出自朱生豪的手筆。馬克
　思的引用略去了其中幾句，請讀者自行參考完整版（Shakespeare, 1996: 119-20）。
　梁實秋的中譯在用字、文氣上皆略有出入。儘管許祖華（2014: 34）認為梁在翻譯
　這個段落的「譯筆之流暢，有如清泉出山岫；意境之深邃，真如在千年黑暗中發現
　了金子的真光」，但梁將Come, damned earth, Thou common whore of mankind譯為
　「來，可惡的泥巴，你這人類公用的娼婦」，我認為不及朱譯。

引用了歌德的《浮士德》[5]和莎士比亞的《雅典的泰門》之後，不
忘稱讚「莎士比亞把貨幣的本質描繪得十分出色」（Marx, 2014:
139）；而在《政治經濟學批判》第一分冊的初稿（寫於1858年
8-10月）中，他更呼應了莎士比亞的「娼婦」說，指出貨幣是
「可以獻身於一切並且一切皆可為之獻身的東西，表現為普遍的
收買手段和普遍的賣淫手段」（Marx, 1998c: 339-40）。

　　還有些學者進一步主張，莎士比亞的文句在《資本論》第一卷
中，不僅僅發揮修辭的功能，更在馬克思的概念鋪陳和論證過程
中扮演了重要角色。茲舉一例。第一卷開頭的這段文字非常著名：

> 資本主義生產方式占統治地位的社會的財富，表現（*erscheinen*）為「龐大的商品堆積」，單個的商品表現為這種財富的元素形式。（Marx, 2017a: 39）

　　然而，事物的「表現」或「表現形式」（*Erscheinungsform*）
並不是事物的「本質」，因為「事物在其現象上往往顛倒地表
現出來」（Marx, 2017a: 513）。《資本論》的重要貢獻，就是不
把「庸俗經濟學家當作**出發點**的那些**表現形式**」（即「地租來自
土地，利潤（利息）來自資本，工資來自勞動」）當成不證自明
的真理（Marx, 1974e: 75，重點為原文所有），而是試圖穿透表

5　其中一段是這樣的（Marx, 2014: 137）：
　　假如我能付錢買下六匹駿馬，
　　我不就擁有了它們的力量？
　　我騎著駿馬奔馳，我這堂堂男兒
　　真好像生就二十四隻腳一樣。

象，將受到掩蓋、遮蔽的事物核心揭露出來。[6]用 Bensaïd（2009b: 3）的話來說，就是要「穿越事物的混亂表面，藉此在體系的核心之中尋找非理性的理性／理由（*raisons de la déraison*）、不合邏輯的邏輯（*logique de l'illogique*）」。在《資本論》中，其中一項關鍵是對**商品拜物教**的批判。什麼是商品拜物教？用馬克思的說法：

> 商品形式在人們面前把人們本身勞動的社會性質反映成勞動產品本身的物的性質，反映成這些物的天然的社會屬性，從而把生產者同總勞動的社會關係反映成存在於生產者之外的物與物之間的社會關係。（Marx, 2017a: 72）

或一言以蔽之：「這只是人們自己的一定的社會關係，但它在人們面前採取了物與物的關係的虛幻形式」（*Ibid.*）。人們把商品當成「賦有生命的、彼此發生關係並同人發生關係的獨立存在的東西」（*Ibid.*: 73），而忘記了商品交換的背後是人與人的特定社會關係。這就是馬克思在第一章最後一節〈商品的拜物教性質及其祕密〉要揭露的。[7]在為這一章收尾時，馬克思再度引用了莎

---

6 再舉一個《資本論》以外的例子。1861-63年的經濟學手稿有這段文字：「資本家把資本的每一部分（不論它的有機的職能如何）都看成利潤的獨立泉源，資本的每一部分在他面前就是這樣**表現出來**（*erscheinen*）的」。他進一步說，「這個**假象**（*Schein*）使資本家……並且使某些最忠實於資本家的偽善者和文人確認，資本是一個與勞動**無關**的收入泉源」（Marx, 2008a: 73）。資本的每一部分表面上（在資本家面前「表現出來」的狀態）都能賺錢，但實際上這些利潤都是剩餘價值的轉化形式。

7《資本論》第三卷在分析**生息資本**時，也有許多精彩的段落討論了商品拜物教、資本拜物教。「在生息資本上，這個自動的物神，自行增殖的價值，會生出貨幣的貨

士比亞。他是這樣寫的；

　　在這裡為他們作證的是這樣一種奇怪的情況：物的使用
價值對於人來說沒有交換就能實現，就是說，在物和人
的直接關係中就能實現；相反，物的價值則只能在交換
中實現，就是說，只能在一種社會的過程中實現。在這
裡，我們不禁想起善良的道勃雷，他教導巡丁西可爾說：
一個人長得漂亮是環境造成的，會寫字念書才是天生的本
領。[8]（*Ibid.*: 82）

　　這句台詞出自莎士比亞的知名喜劇《無事生非》（*Much Ado
About Nothing*，又名《無事自擾》、《無事煩惱》）。在劇中的警
官道勃雷（Dogberry）[9]口中，人讀書識字的能力來自遺傳，外貌
反倒受環境、機運的影響。天底下還有比這更「顛倒現實」的事

幣，純粹地表現出來了，並且在這個形式上再也看不到它的起源的任何痕跡了。社
會關係最終成為一種物即貨幣同它自身的關係」（Marx, 2017c: 388）。

8 原文是：to be a well-favoured man is the gift of fortune; but reading and writing comes
by nature．梁實秋譯為「作一個相貌漂亮的人，是靠運氣；但是能寫能讀則是由於
自然」。

9 1877年8月，馬克思的小女兒愛琳娜和好友克拉拉・科勒特（Clara Collet）便以這
個角色為名，創立了「道勃雷俱樂部」（部分中文文獻誤譯為「山茱萸俱樂部」）。
馬克思一家人每兩週與莎士比亞的愛好者（除了恩格斯外，還有作家、演員、詩
人、法學家等各路人馬）聚會一次，一同朗誦、演出莎士比亞的戲劇。其中，愛琳
娜是這個俱樂部的靈魂人物，她本人還加入了1873年成立的新莎士比亞學會（New
Shakespeare Society），並積極參與莎士比亞的學術研究（以上參考Chikin, 2011:
126；Smith, 2017: 109n；Holmes, 2017: 123-8）。根據愛琳娜的傳記作者所描述，她
「是一個一心一意、不屈不撓的研究者，有著所向披靡的效率，甚至能夠清楚、高
效地摘取和概括最動聽、有力的論據」（Holmes, 2017: 128）。

嗎？但Smith（2017: 108）解釋得很好，這句話不僅僅是「顛倒現實」，更試圖**掩蓋社會關係**，使弱勢者繼續目不識丁，讓優勢者繼續坐享資源。「莎士比亞戲劇中這類令人眩暈的顛倒對馬克思來說很有用處，能夠藉此描寫交換價值在經濟及其上層建築中導致的各種令人眩暈的顛倒」（Smith, 2017: 109）。我們現在可以理解馬克思為何以莎士比亞的這句台詞來為第一章收尾了。商品拜物教不就是以商品的交換掩蓋人與人的社會關係嗎？當人們耽溺於「地租是由土地而不是由社會產生的」（Marx, 2017a: 81）這種商品拜物教的幻覺，不正像是喃喃著「會寫字念書才是天生的本領」的道勃雷嗎？

　　除了莎士比亞外，另一個常受到討論的人物是但丁。但丁一直是馬克思極為欽慕的作家。[10]早在1859年的〈《政治經濟學批判》序言〉中，馬克思便借用過《神曲》「地獄入口」的比喻，寫道：「在科學的入口處，正像在地獄的入口處一樣，必須提出這樣的要求：『這裡必須根絕一切猶豫；這裡任何怯懦都無濟於事。』」（Marx, 2009a: 594）。雖然《資本論》第一卷只引用了兩次但丁，[11]但熟悉但丁《神曲》地獄篇的讀者，不難從《資本論》第一卷找到某種類比（analogy）。

　　線索來自第一卷第四章〈貨幣轉化為資本〉。這是很重要的一章。馬克思開始追問：既然商品的流通或交換就根本而言是等

---

10 根據Wilhelm Liebknecht的回憶，馬克思在撰寫《資本論》時，幾乎天天閱讀但丁，且經常高聲朗誦《神曲》的段落（Roberts, 2017: 27-8）。

11 第一次是〈第一版序言〉中將《神曲》煉獄篇的一句話改寫為「走你的路，讓人們去說罷！」（Marx, 2017a: 4）；第二次是第三章〈貨幣或商品流通〉引用了《神曲》天堂篇的一段：「這個鑄幣經過檢驗，重量成色完全合格，但告訴我，你錢袋裡有嗎？」（Marx, 2017a: 98-9）。

價物的交換，也就是說「不」創造價值，那麼剩餘價值是如何產生的？貨幣是如何轉化為資本（能夠「生出貨幣」的貨幣」）的？馬克思在這一章的第三節，引入了一個新的「規定」來解決這個問題：勞動力的買賣。勞動力是一種特殊的商品，具有獨特的使用價值：勞動力本身就是「價值泉源」，能夠創造比自身的價值還要多的價值。因此，關鍵在於研究資本家如何透過消費勞動力來完成「價值增殖」（第五章的主題）。在第四章結尾處，馬克思這麼說：

> 勞動力的消費，像任何其他商品的消費一樣，是在市場以外，或者說在流通領域以外進行的。因此，讓我們同貨幣占有者和勞動力占有者一道，離開這個嘈雜的、表面的、有目共睹的領域，跟隨他們兩人進入門上掛著「非公莫入」牌子的隱蔽的生產場所吧！在那裡，不僅可以看到資本是怎樣進行生產的，而且還可以看到資本本身是怎樣被生產出來的。賺錢的祕密最後一定會暴露出來。（Marx, 2017a: 162-3）

這時，讀者就像但丁，馬克思就像《神曲》地獄篇中帶領但丁進入地獄的古羅馬詩人維吉爾（英語寫成 Virgil 或 Vergil，70-19 B.C.）。接下來的章節，讀者就像是隨著馬克思**走進了地獄**，[12] 親眼目睹「隱蔽的生產場所」中各種對工人的壓迫與剝削。

---

12 所以本節標題更精確的用語應該是「馬克思先生（帶我們）走進了地獄」。維吉爾出現在但丁面前時，但丁說：「你是我的老師——我創作的標尺；給我帶來榮譽的優美文采，全部來自你一人的篇什」（Dante, 2003: 103）。帶領我們走進「地獄」的馬克思，對這段話也受之無愧。

果然，到了第八章〈工作日〉，在一段怵目驚心的描述中，馬克思再度召喚出但丁：

> 火柴製造業是從 1833 年發明用木梗塗磷的辦法之後出現的。自 1845 年起，它在英國迅速地發展起來……同時也使牙關鎖閉症蔓延到各地。維也納的一位醫生還在 1845 年就發現這種病是火柴工人的職業病。工人中有一半是 13 歲以下的兒童和不滿 18 歲的少年。誰都知道，這種製造業有害健康，令人生厭，所以只有工人階級中那些最不幸的人，餓得半死的寡婦等等，才肯把「衣衫襤褸、餓得半死、無人照管、未受教育的孩子」送去幹這種活。……工作日從 12 到 14 或 15 小時不等，此外還有夜間勞動，沒有固定的吃飯時間，而且多半是在充滿磷毒的工作室裡吃飯。**如果但丁還在，他會發現，他所想像的最殘酷的地獄也趕不上這種製造業中的情景**。（*Ibid.*: 232-3，重點為筆者所加）

但這只是很粗淺的類比，似乎只能達到簡單的修辭效果。《神曲》和《資本論》究竟有沒有更深刻的聯繫呢？針對這個問題，加拿大政治學者 William Clare Roberts 榮獲多伊徹紀念獎（Deutscher Memorial Prize）的近作《馬克思的地獄：《資本論》的政治理論》（*Marx's Inferno: The Political Theory of* Capital，2017）提供了嶄新的觀點，值得注意。他透過極為細密的比較閱讀，認為《資本論》第一卷試圖重新書寫《神曲》，帶領讀者「墮入資本主義生產方式的現代『社會地獄』」（Roberts, 2017: 1）。換言之，《資本論》第一卷是**現代版的**《神曲》。

　　Roberts認為《神曲》地獄篇和《資本論》第一卷都可以劃分為四個主要段落（見圖四）。其中，上層地獄處罰的是縱慾罪（邪淫、貪婪、懶惰、憤怒等），對應的是以貨幣為媒介的商品交換（「從市場的角度看待資本主義生產方式」〔Roberts, 2017: 26〕）；狄斯之城（Dis）懲罰施暴罪，對應的是資本主義生產方式對剩餘價值的強制榨取；罪惡之囊（Malebolge）懲罰欺詐罪，對應的不是個別資本家的欺詐，而是資本主義之下的「去個人化的欺詐」（de-personalized fraud）：透過提高勞動強度、提升生產力、縮短必要勞動時間，不斷榨取絕對及相對剩餘價值（「資本的欺詐就藏身在它最美妙的承諾背後，也就是承諾會為勞動者帶來繁榮與發展」〔Roberts, 2017: 149〕）；科庫托斯（泣川，又譯「嘆息之河」、「悲嘆之河」），即地獄第九層（撒旦所在地），則對各種背叛者（出賣親屬、祖國、客人、恩人的人）施以懲罰，對應的是資本在「原始積累」的過程中對農民、殖民地的血腥掠奪。一言以蔽之，「身為新的維吉爾，馬克思試圖帶領讀者走過從交換到剝削、從契約到征服、從價格到貧窮、從發展到專制的內在聯繫」（Roberts, 2017: 257）。[13]

　　是否真的如Roberts（2017: 32）所言，馬克思可能「借用了《神曲》的布局來安排《資本論》的闡述次序」，或許見仁見智。但可以確定的是，《資本論》具有高度的「互文性」（intertextuality），其內涵彷彿取之不盡，才能讓後人不斷從各式各樣的（新）角度來詮釋。這正是人文社會科學**經典**的意義。

---

13 Roberts這句英文寫得極好，「交換」（exchange）與「剝削」（exploitation）、「契約」（contract）與「征服」（conquest）、「價格」（price）與「貧窮」（poverty）、「發展」（development）與「專制」（despotism）皆刻意押頭韻，但中譯很難表現出來。

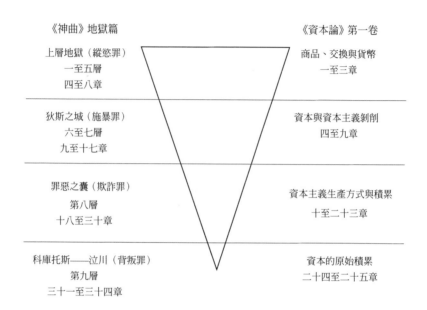

圖四　《神曲》地獄篇與《資本論》第一卷的結構平行關係

資料來源：改編自Roberts（2017: 27）

第七章
政治的，太政治的：
政治視角下的《資本論》[1]

1.《資本論》的政治理論（The Political Theory of Das Kapital）

文學與政治有千絲萬縷的關係。以但丁為例，他「壯年從政，一生以『經世』為念」，更寫下《論王權》（*De monarchia*）等政治著作（陳思賢，2000: 1, 2），故《神曲》本身除了文學成就崇高，「只有莎士比亞的全部劇作堪與比擬」（T. S. Eliot語，引自黃國彬，2003: 21）外，也完全可以從政治思想（史）的角度深究其內涵（見如Ferrante, 1984；Scott, 1996；Woodhouse, 1997）。本書第六章不斷引述的Roberts（2017）的新作，除了將《資本論》解讀為現代版的《神曲》之外，更重要的是試圖將《資本論》詮釋為一種**政治理論**。由於Roberts的解讀極富新意與

---

1 本章標題「政治的，太政治的」（*politisches, allzupolitisches*）靈感來自尼采的名著《人性的，太人性的：一本獻給自由精神的書》（*Menschliches, Allzumenschliches. Ein Buch für freie Geister*，1878）。取此名的原因是我們可以從好幾種「政治」的角度解讀《資本論》，這也是一般讀者較少注意到的面向。

爭議，本章將從他的論點出發，論做引申討論。

有許多研究都曾試圖釐清馬克思與共和主義的關係，或挖掘馬克思思想的共和主義基礎（見如Isaac, 1990；Fischer, 2015；Chrysis, 2018）。Roberts最具爭議的看法，是他雖然（也）將馬克思納入廣泛的共和主義傳統，但他是從Quentin Skinner及Philip Pettit等人為代表的**新共和主義**的角度來定位馬克思的「共和主義」。在這種解讀下，共和主義的核心價值不是政治參與、公民德行、自我實現／決定等「積極自由」，而是消極自由與積極自由以外的「第三種」自由：**無支配**（non-domination）的自由。Roberts試圖論證，《資本論》勾勒的政治理論恰恰體現了這種強調「無支配自由」的新共和主義觀點；與「傳統」的共和主義式解讀相反，馬克思並**不**主張將自由視為「個人與集體的自我作主（self-mastery）」（Roberts, 2017: 248）[2]或借用Larmore（2001: 230）的說法，將自由視為「行使某種能力」、「透過某種活動實現我們自身最重要的可能性，或將我們的真實本性或『更高的自我』表現出來」。[3]

這裡必須說明一下理論背景。Pettit認為，Isaiah Berlin提出的「消極自由」（不受干涉）與「積極自由」（自我控制、自我決定）的劃分「在政治思想中產生了惡劣的影響」（Pettit, 2017:

---

2 self-mastery這個詞的譯法借自蕭高彥（2013: 365）。

3 新共和主義是近年來政治理論與政治思想史最受矚目的討論焦點之一。其中，自Philip Pettit的《共和主義：一種關於自由與政府的理論》（*Republicanism: A Theory of Freedom and Government*，1997）出版以來，許多學者都試圖批判、修正或延伸Pettit的「無支配」式自由觀。Roberts這本書可說是英語學界首次有系統地從新共和主義的角度定位、評估馬克思的政治理論。

376）。Pettit試圖論證，共和主義傳統的自由觀是一種「無支配」（non-domination）的自由，而不是一般人常加諸在共和主義者身上的積極自由。[4] Pettit認為「干涉」和「支配」並不是同一回事。「支配」指的是「支配者可以專斷地（arbitrarily）干預被支配者的選擇，尤其是他可以進行干預，而無須考慮對方的利益或觀點」。當支配關係存在時，「支配者可以任意地、隨心所欲地實施干涉：他們不必請示任何人，也不會受到牽制或懲罰」（Pettit, 2017: 380）。也就是說，就算不存在干涉，支配關係仍然可能存在（比如說，主人剛好很仁慈，不會干涉奴隸的行動），因為「支配的條件只是某人擁有任意干預你事務的能力，而不是事實上的干預」；反過來說，在無支配的狀態下，也可能出現干涉，因為干涉不見得是「專斷」的，反倒可能帶給人保障，使其不受他人支配（Pettit, 2017: 380-81；McBride, 2015: 7）。更重要的是，只有當我們不處於支配關係之中，我們在現實世界中享有的「不受干涉」才是穩固可靠的。否則，就算我們出於幸運、諂媚強權者或其他因素，一時之間真的未受干涉，也不代表未來不會陷入受干涉的困境（Pettit, 2017: 382-3）。簡單來說，這種「無支配」式的共和自由觀，可用西塞羅《論共和國》（*De re publica*）的這句話來表達：「自由並非有一個公正的主人，而是沒有主人的支配」（轉引自蕭高彥，2013: 100）。

但Roberts認為，馬克思一方面繼承了這種自由觀，但同時

4　借用Skinner（1986: 247，轉引自蕭高彥，2013: 364）的說法：「共和主義思想家從來沒有訴諸『積極』的社會自由觀。也就是說，他們從未論證我們乃是具有特定目的之道德存在，以及我們唯有當這些目的實現時才充分地具備了自由。……他們持有純粹的消極自由觀，也就是，也就是在實現我們所選擇目的時阻礙之不存。」

也使之激進化。其中的關鍵在於：馬克思把「支配」的概念範圍從典型的**個人或角色關係**（如主人與奴隸、君主與臣民、征服者與被征服者、資方與勞方）拓展到**非個人的支配**（impersonal domination）。他指出，在馬克思看來，由資本控制的商業社會便充斥了這種非個人支配，因為「這樣的社會讓每個生產者都受制於市場的嚴酷紀律，受制於社會過程的盲目力量」（Roberts, 2017: 228）。他進一步說：

> 市場紀律是透過無數其他人的看不見、無法挑戰的慾望與選擇，來對每個人施以非個人支配。然而，這種非個人支配之所以可能，純粹是因為多數產品是被當成商品來生產，且多數產品之所以當成商品生產，是因為多數人必須將勞動力出售給生產資料的所有者以換取薪資。（Roberts, 2017: 228）

將資本主義視為一種盤根錯節的「非個人支配」體系，確實頗有說服力。馬克思1857-58年的《政治經濟學批判大綱》有段文字相當傳神地表達了這種思想：

> ……由此也產生一種荒謬的看法，把自由競爭看成是人類自由的終極發展，認為否定自由競爭就等於否定個人自由，等於否定以個人自由為基礎的社會生產。但這不過是在有侷限性的基礎上，即在資本統治的基礎上的自由發展。因此，這種個人自由同時也是最徹底地取消任何個人自由，而**使個性完全屈從於這樣的社會條件，這些社會條件採取物的權力的形式，而且是極其強大的物，離開彼此發生關係的個人本**

身而獨立的物。（Marx, 1998c: 43，重點為筆者所加）

或者，用 Roberts 的話來說：

> 當人的決策受制於市場力量（買賣雙方對價格的敏感
> 度），馬克思便認為這侵犯了人深思熟慮的行動。……和
> 他之前的歐文主義者一樣，他也認為這種普遍化的意志薄
> 弱（ἀκρασία；akrasia）[5] 和腐化意謂一種普遍化的支配形
> 式……。我們應該將拜物教理解為一種**支配形式**，而不是一
> 種虛假意識。拜物教……首先是政治問題。……簡單來說，
> 拜物教是商業社會的成員都深受其害的非個人支配，而這樣
> 的支配解釋了「意志薄弱」是如何在這樣的社會中變得無所
> 不在。（Roberts, 2017: 85，重點為筆者所加）

要注意的是，這種支配體系不是傳統馬克思主義強調的**階級
支配**，儘管階級支配當然存在。這裡有兩點值得略加引申。首
先，Roberts 所謂的「非個人支配」並不是知名的左翼社會理論
學者 Moishe Postone 所謂的「抽象支配」（abstract domination）。
Roberts 相當反對使用 Postone（1993: 126, 30）這類含糊的表達方
式：「人受到抽象的、半獨立的社會關係結構所支配」；「在最基
本的層次上，資本主義的社會支配……是人受到抽象的社會結構
所支配，而這些社會結構是由人本身構成的」。社會關係、社會

---

5 Roberts（2017: 56）對 ἀκρασία 的解釋是「缺乏自制、軟弱、無法自我作主或自我
控制」。此處依中文學界慣例譯為「意志薄弱」。

結構如何「支配」行動者？[6] Roberts（2017: 92）堅持認為，間接的、非個人的支配仍然是「人對人的支配」，只是這樣的支配是以物（商品）為中介的。[7]

其次，在非個人的支配體系中，不是只有工人才受到支配，就連資本家也深陷其中，因為「資本家受到市場律令（market imperatives）的支配，被迫要剝削勞動」（Roberts, 2017: 102）。在這個意義上，工人可說是「奴隸的奴隸」，受制於「老闆受市

---

6 在共和主義的傳統裡，支配指的是專斷／不受控制的干涉（這和社會科學的用法有一些差異，例如韋伯的傳統，但此處不論）。換言之，我們必須清楚指認支配的「主體」是誰，不能任意為之。這呼應了社會科學哲學中的重要問題：能否將因果作用力（causal power）（在這個例子裡，指的是進行專斷干涉的能力；如果這樣的能力是社會位置賦予的，可稱為「結構能力」，比如說資方對勞方的支配能力就是一種結構能力）賦予社會結構或社會關係？我的立場接近 Rom Harré、E. H. Madden、Charles Varela 等人的批判實在論（critical realism）：在社會世界中，只有個體行動者和複合行動者（composite actors）是擁有因果作用力的實體，亦即所謂的「具有力量的特殊物」（powerful particular）。詳細的討論見 Wan（2011: 125-36）、萬毓澤（2012）。

7 但必須承認，Postone 的切入點與 Roberts 是非常接近的：資本主義呈現出「越來越抽象的社會支配形式，使人受制於非個人的結構律令及約束，而我們無法從具體支配（如個人或團體的支配）的角度充分掌握這些結構律令與約束」（Postone, 1993: 3-4）。歷史社會學者 William H. Sewell Jr. 在分析資本主義的多重時間性（temporalites）時也有類似的說法：「抽象性是資本主義的一項決定性特徵。……在資本主義之下，商品的使用價值面向，也就是商品的各種具體表現（concrete manifestation），都受制於交換價值的邏輯，在這樣的邏輯中，商品不過是純粹的抽象」。他還進一步分析（在我看來相當合理）：「資本邏輯的抽象性並沒有將事件（event）排除在資本之外，而是將各種事件形塑成特定的資本主義形式：成為商業週期與不平衡發展」（Sewell, 2008: 524-5, 529）。在晚近的一篇文章中，Sewell（2014: 5）的說法更為明確：「我們的生命活動本身受制於那些支配了資本主義生產與交換的匿名、抽象力量……。我們的福祉、日常作息、生命歷程，或是我們的技術與資產的價值，大多都決定於不受我們控制的抽象、匿名、表面上看來客觀的『經濟』力量」。

場驅動的慾望」（Roberts, 2017: 103）。

　　但熟悉馬克思著作的人很快就會察覺到，似乎很難用上述觀
點來概括馬克思的整個政治學說。根據Pettit（1997: 7-8, 30）的
看法，部分的共和主義傳統（尤其是盧梭）相信「自由」的核心
在於人民的政治參與、自我統治，而Pettit認為這是「民粹主義」
的立場。如果我們堅持從Pettit的共和自由觀來詮釋馬克思，該
怎麼看待馬克思著作中大量與民主自治、自我管理、合作運動有
關的主張？

　　Roberts似乎認為，馬克思之所以主張人民的自我管理，並
重視社會與經濟生活中與「辯論」、「審議」、「異議」有關的面
向（Roberts, 2017: 253）[8]只是**因為**這樣能夠確保「無支配」的自
由。換言之，兩者有主從之別。這是典型的新共和主義立場，如
Pettit（1997: 82）就說他完全不反對追求自主，但重點是「沒有
了無支配，就很難出現任何有意義的自我作主。……一旦確保人
們不受他人的支配，人們才會比較容易達成自主」。Roberts也是
在這樣的認識框架下開展論證的，以下簡要討論之。

　　首先必須指出，Roberts的一項重要貢獻，是（相當正確地）
凸顯了（1850年代中後期以降的）馬克思與歐文的共通點：都極
為重視合作運動，並將其視為未來社會的基礎。Roberts（2017:
251）據此主張「對馬克思而言，合作生產（馬克思一貫將其與

---

8 Roberts（2017: 251）說得很好：「馬克思設想的是一個透過審議與辯論來運作的共
　產主義經濟」。馬克思反對的是「政治支配」，不是「政治審議與辯論」。《共產黨
　宣言》這段常被當成「政治終結論」的文字也必須做如是觀：「當階級差別在發展
　進程中已經消失，而全部生產集中在聯合起來的個人手裡的時候，公共權力就失去
　政治性質」（Marx and Engels, 2014: 145）。這裡的「政治性質」指的就是「政治支
　配」，而不是一切與「政治」有關的公共討論。

歐文聯繫在一起）就是生產領域中的共和主義」。

馬克思 1860 年代以後對合作運動有許多討論，此處無法詳論（見如萬毓澤，2018b: 77-8；Claeys, 2018: 177-84），但值得完整引述 1864 年〈國際工人協會成立宣言〉的這段文字：

> 勞動的政治經濟學對財產的政治經濟學還取得了一個更大的勝利，我們說的是合作運動，特別是由少數勇敢的「手」獨力創辦起來的合作工廠。對這些偉大的社會試驗的意義不論給予多麼高的估價都是不算過分的。工人們不是在口頭上，而是用事實證明：大規模的生產，並且是按照現代科學要求進行的生產，在沒有利用雇傭工人階級勞動的雇主階級參加的條件下是能夠進行的；他們證明：為了有效地進行生產，勞動工具不應當被壟斷起來作為統治和掠奪工人的工具；雇傭勞動，也像奴隸勞動和農奴勞動一樣，只是一種暫時的和低級的形式，它注定要讓位於帶著興奮愉快心情自願進行的聯合勞動。在英國，合作制的種子是由羅伯特·歐文播下的；大陸上工人進行的試驗，實質上是從那些並非由誰發明，而是在 1848 年大聲宣布的理論中得出的實際結論。（Marx, 2003a: 12-13）

《資本論》第三卷則是這樣說的：

> 工人自己的合作工廠，是在舊形式內對舊形式打開的第一個缺口，雖然它在自己的實際組織中，當然到處都再生產出並且必然會再生產出現存制度的一切缺點。但是，資本和勞

動之間的對立在這種工廠內已經被揚棄，雖然起初只是在下述形式上被揚棄，即工人作為聯合體是他們自己的資本家，也就是說，他們利用生產資料來使他們自己的勞動增殖。這種工廠表明，在物質生產力和與之相適應的社會生產形式的一定的發展階段上，一種新的生產方式怎樣會自然而然地從一種生產方式中發展並形成起來。（Marx, 2017c: 445-6）

　　Roberts（2017: 235）認為，勞動者在資本主義之下受到三種支配。首先是國家施展的**政治支配**（國家機器對工人的壓迫以及對資本的依賴）；其次是生產領域內的**客觀支配**（資方對勞動者的專斷干涉[9]）；最後是他花了最多篇幅分析的**非個人支配**（所有商品生產者都體驗到的盲目市場力量）。在Roberts（2017: 235-6, 254）的分析下，馬克思的政治經濟理論一方面嚴厲批判國家機器和官僚體制（見萬毓澤，2018a、2018b），一方面強調合作勞動與經濟民主，針對的恰恰是這三種支配。

　　首先，馬克思在《法蘭西內戰》中強調巴黎公社透過一系列措施（如廢除常備軍，代之以普遍的人民武裝；行政部門的官員成為經普選產生、隨時可罷免的工作人員；一切公職人員只領取工人工資的報酬等），建立了「工人階級的政府」，是「終於發現的、可以使勞動在經濟上獲得解放的政治形式」，其目標是「把靠社會供養而又阻礙社會自由發展的國家這個寄生贅瘤迄今所奪去的一切力量，歸還給社會機體」（Marx, 2016c: 63, 62），

---

[9] 「資產階級通常十分喜歡分權制，特別是喜歡代議制，但資本在工廠法典中卻通過私人立法獨斷地確立了對工人的專制」（Marx, 2017a: 404）。

也就是說，要終結現存的**政治支配**，「打碎舊的國家政權而以新的真正民主的國家政權來代替」（Engels, 2016: 15）。在《法蘭西內戰》中，馬克思也將公社這種「不但取代階級統治的君主制形式、而且取代階級統治本身的共和國」稱為「社會共和國」（social republic）（Marx, 2016c: 59）。

其次，《法蘭西內戰》也指出，公社的一項重要措施是將關閉的作坊或工廠交給工人協作社（Marx, 2016c: 68），[10]從而「把現在主要用做奴隸和剝削勞動的手段的生產資料，即土地和資本變成自由的和聯合的勞動的工具」（Marx, 2016c: 64），藉此消滅工作場所內的**客觀支配**。

最後，馬克思主張「由聯合起來的合作社按照共同的計畫調節全國生產，從而控制全國生產，結束無時不在的無政府狀態和週期性的動盪這樣一些資本主義生產難以逃脫的劫難」（Marx, 2016c: 64），換言之，必須「由社會的深謀遠慮（social foresight）來控制社會生產」（Marx, 2003a: 12，中譯略有修改）[11]。關於這種想法，《資本論》第一卷有一段關於「自由人聯合體」的著名文字：

　　設想有一個自由人聯合體，他們用公共的生產資料進行勞

---

10 根據恩格斯的描述：「公社下令，對被廠主停工的工廠進行登記，並制訂計畫：把這些工廠的原有工人聯合成合作社以開工生產，同時還要把這些合作社組成一個大的聯社」（Engels, 2017: 9）。這類由工人接管工廠、組成合作社的運動，晚近最著名的例子是阿根廷。阿根廷2001-3年爆發嚴重的經濟危機，2001下半年每個月平均有2600家公司破產，失業率高達25%。危機下出現了工人接管破產企業的運動，出現大量的「由工人復甦的企業」（*empresas recuperadas por sus trabajadores*，ERT），其中多數組成合作社，以民主方式進行決策（見萬毓澤，2015）。

11 現行中譯本譯為「由社會預見指導社會生產」。

動，並且自覺地將眾多的個人勞動力當成一個社會勞動力來
使用。……這個聯合體的總產品是一個社會產品，其中一部
分重新用作生產資料，這一部分仍然是屬於社會的；另一部
分則由聯合體當成生活資料來消費。……在那裡，人們和自
己的勞動及勞動產品的社會關係，無論在生產還是在分配
上，都是簡單明瞭的。（Marx, 2017a: 77-8）

　　簡單來說，馬克思主張透過宏觀層次的經濟民主來取代盲目
的市場力量，這樣做，在Roberts看來，是為了終結資本主義的
非個人支配。

　　我認為Roberts提供了一個相對完整的新共和主義式分析架
構，讓我們（重新）理解馬克思對合作生產、自我管理、經濟民
主的看法。但問題是，馬克思是否真的只著眼於「無支配」式的
自由，而缺乏「積極」的自由觀？我認為Roberts忽略了馬克思不
少重要的文本，也因此難以完全說服我。

　　在馬克思早期的作品中，我認為特別重要的是《1844年經
濟學哲學手稿》總共使用五次的「**自主活動**」（*Selbsttätigkeit*）
一詞。馬克思說，「異化勞動把自主活動、自由活動貶低為手
段」，於是，工人的活動便不是他的「自主活動」，因為「他的
活動屬於別人，這種活動是他自身的喪失」（Marx, 2014: 54, 50-
51，另見Marx, 2014: 59）。

　　恩格斯和馬克思在《德意志意識型態》中，則多次使用
「*Selbstbetätigung*」這個略有不同的詞彙，中文一般也譯為「自主
活動」。舉例來說，他們認為，在克服了狹隘的分工之後，人類
將實現「各個人向完全的個人的發展」以及「勞動向自主活動的

轉化」（Marx and Engels, 2009: 582）。Peffer（1990: 58）指出，「自主活動」具有雙重的意涵：一方面是「自由」（**自我決定**）的活動，一方面是「創造性」（**自我實現**）的活動（另見Wood, 2004: 50-51）。

　　除了這些較早期的著作外，最能表現馬克思自由觀的文本，還包括前文引用過的1857-58年《政治經濟學批判大綱》。馬克思在《大綱》一段重要的文字中，先批判了亞當斯密。對斯密來說，「勞動」永遠都是「詛咒」，而「安逸」才是自由與幸福。馬克思則說：

> 　　一個人「在通常的健康、體力、精神、技能、技巧的狀況下」，也有從事一份正常的勞動和停止安逸的需要，這在斯密看來是完全不能理解的。誠然，勞動尺度本身在這裡是由外面提供的，是必須達到的目的和為達到這個目的而必須由勞動來克服的那些障礙所提供的。但是**克服這種障礙本身，就是自由的實現**，而且進一步說，外在目的失掉了單純外在必然性的外觀，被看作個人自己自我提出的目的，因而被看作**自我實現**，主體的對象化，也就是實在的自由，——而**這種自由見之於活動恰恰就是勞動**，——這些是亞當斯密料想不到的。……勞動會成為吸引人的勞動，成為個人的**自我實現**……（Marx, 1998b: 615-6，重點為筆者所加）

　　這個段落一再強調的「克服障礙」、「自我實現」，不正是**積極自由**嗎？

　　在《大綱》其他的段落，他還寫道：「財富不就是人的創造

天賦的絕對發揮嗎？……人類**全部力量的全面發展**成為目的本身。在這裡，人不是在某一種規定性上再生產自己，而是生產出他的全面性」（Marx, 1998b: 479-80，重點為筆者所加）。當「個人全面發展」，且「共同的、社會的生產能力成為從屬於他們的社會財富」時，便能在這樣的基礎上建立起「自由的個體性」（*freie Individualität*）（Marx, 1998b: 107-8）。[12]總之，對馬克思來說，真正的自由就是能夠發揮他在《1844年經濟學哲學手稿》所謂的「本質力量」（*Wesenkraft*）或「類力量」（*Gattungskräfte*），讓自主的、自我實現的活動／勞動成為「自由的生命表現（*freie Lebensäußerung*），從而是生命的享受」（Marx, 2016c: 270，中譯略有修改）。因此，我認為馬克思的政治思想要比Roberts呈現的更為複雜，且必須與他的哲學人類學、政治經濟學、歷史唯物論結合起來考察。積極自由始終是馬克思思想中很重要的面向。

回到前面引述過的「自由人聯合體」的段落。我相信Roberts也會同意，馬克思在這段文字裡，強調的是社會成員對勞動產品與社會關係進行**自覺的控制**。用政治哲學的語言來說，其實就是集體的「自我決定」、「自我作主」與「自我控制」，或一言以蔽之，**集體自主**（collective autonomy）。只是，Roberts仍遵循新共和主義的觀點，將「（集體）自主」放在次要的位置，視其為達成「無支配」的必要條件。

針對這個問題，我認為McBride（2015）的論證相當有啟發。他認為，Pettit等人強調的「無支配」自由，其實與（集體）自主的關係非常密切，應試圖將兩者結合起來。他的論證對我們

---

12 現行譯本將這個詞譯為「自由個性」，但我以為「自由的個體性」較貼近原意。

理解或重構馬克思的政治思想也極有助益。首先，如前文所述，Pettit的論述將「支配」與「干涉」嚴格區分開來，因為不是所有的干涉都是支配；有些干涉反而可能促成無支配的理想。重點在於支配是「專斷」（arbitrary）的干涉。但如何判斷干涉是否「專斷」？根據Pettit（1997: 55）的說法，專斷的干涉是「憑行動者一己之喜好」而進行的，而這意謂這樣的干涉不會考慮「受影響者的利益或意見」，而非專斷的干涉則「被迫要顧及受干涉者的利益與觀念」。但這種判斷標準似乎有模糊的空間。問題在於：

(1) 如果把焦點擺在「受影響者的利益或意見」：這樣的判準無法排除「專制」的可能性，因為專制政權一樣可以透過立法來顧及「受影響者的利益或意見」，但人民對整個立法過程卻毫無置喙的餘地；

(2) 如果把焦點擺在「行動者一己之喜好」：在這個意義下，即使是「非專斷」的立法（遵循特定的程序與規則，而非憑統治者一己之喜好），一樣有可能系統性地傷害某些群體的利益。

換言之，「專斷」與否似乎不是最好的判準，或者至少不是最精準的用語。也因此，Pettit在晚近的著作中傾向不再使用「專斷的干涉」，而是用「不受控制的干涉」（uncontrolled interference）來代替（Pettit, 2012: 46, 57-62）。這樣一來，「無支配」（＝沒有不受控制的干涉）的自由就與「集體自主」產生密切關聯了，因為「要使自己不受到私人的支配，也就是來自其他社會行動者的支配，只要享有法律的保障就夠了；但若要使自己不受到公共的支配，也就是來自國家本身的支配，我們就必須對

國家施加控制」（McBride, 2015: 8-9）。在這樣的解讀下，「無支配」的自由與「集體自主」的自由就不再是**兩種自由**，而是一體兩面、相互支持。[13]

回到馬克思。資本主義下的「市場紀律」確實可視為一種「非個人支配」，但馬克思之所以批判這樣的支配關係，恰恰是**因為**它削弱了人追求自主的範圍與可能性。馬克思念茲在茲的，始終是「**全面發展的個人**」，是「**個人關係和個人能力的普遍性**（*Allgemeinheit*）**和全面性**（*Allseitigkeit*）」，是人們將自己的社會關係「當成自己的共同的關係」並使其「服從於他們自己的**共同的控制**（*gemeinschaftliche Kontrolle*）」（Marx, 1998b: 112，重點為筆者所加）。馬克思並沒有像Roberts一樣，將「第三種自由」（無支配的自由）與「積極自由」（自我實現、自我決定）嚴格區別開來，並將自己的理論關懷嚴格限縮在前者，而是將兩者整合在他的整體政治理論之中。

在結束這一節之前，我想從另一個角度肯定Roberts的貢獻。雖然我不完全同意他的新共和主義立場，但我認為他的研究方法是非常正確的。他指出，馬克思在書寫《資本論》時，潛在的對話與批判對象是1860-70年代盛行於法國與英國的各種社會主義與激進思潮，包括歐文主義、傅立葉主義、聖西門主義、蒲魯東的互助論、James Bronterre O'Brien的社會共和主義等。這些競爭性的論述（competing discourse）構成了馬克思寫作的重要脈絡。瞭解這個脈絡，將極有助於我們釐清或重估與《資本論》有

---

13 即使在工作場所內部（也就是Roberts描述的「客觀支配」盛行的場域），這兩種自由也是互補的。見Breen（2015）的討論。

關的一些**規範性政治哲學**的討論，比如說**正義**問題。馬克思主義的倫理學或道德哲學是蓬勃發展的研究領域，這裡不可能完整回顧（晚近的研究可參考如Blackledge, 2012；Thompson, 2015；Fischer, 2015；McCarthy, 2017），更何況本書仍然希望以《資本論》為核心。這裡只舉一個例子：馬克思是否對「剝削」提出了**道德批評**？《資本論》有些段落引發了許多爭議，比如說，馬克思寫道，資本主義的剝削「對〔勞動力的〕買者是一種特別的幸運，對〔勞動力的〕賣者也**絕不是不公平**」（Marx, 2017a: 181-2，重點為筆者所加）。該如何理解這段文字？我同意Roberts（2017: 134）所言，馬克思這段話的對話對象是**蒲魯東**，不是一百年後的羅爾斯（John Rawls），所以不應該從「社會基本結構」（basic structure of society）或「分配正義」（distributive justice）等羅爾斯式的角度來理解或批評馬克思（cf. Callinicos, 2018）。

對馬克思來說，蒲魯東「先從與商品生產相適應的法的關係中提取他的公平的理想，永恆公平的理想。……然後，他反過來又想按照這種理想來改造現實的商品生產和與之相適應的現實的法」（Marx, 2017a: 83n）。可以說蒲魯東提倡的是一種「交換式（transactional）的正義觀，根據這種正義觀，雙方以生產成本或接近生產成本的價格來相互交換產品及服務，就是體現了正義」（Roberts, 2017: 134）。換言之，馬克思只是要論證，資本對勞動力的剝削恰恰可以**滿足蒲魯東對正義的標準**。

2.《資本論》的政治（The Politics of *Das Kapital*）

行文至此，希望已經證明了一件事：《資本論》不是單純的

經濟著作，而是可以（也應該）從許多角度讀出其深刻內涵。其中，「文學」和「政治」是兩個重要的切入點。除了前一小節討論的政治理論外，還可以從其他的角度對《資本論》進行**政治閱讀**，我稱之為《資本論》的**政治**。限於本書篇幅，本小節的討論將盡可能取其精要，難以周全。

　　首先，是政治因素在馬克思寫作《資本論》的歷程中發揮的作用。馬克思不是單純的學者，而是始終密切投入政治活動，包括參與共產主義者同盟（1847-1852）、1848年革命、1850年代的英國憲章運動左派、第一國際（國際工人聯合會，1864-1876）等。恩格斯在馬克思墓前的講話（1883年3月17日）可謂言簡意賅：

　　　因為馬克思首先是一個革命家。以某種方式參加推翻資本主義社會及其所建立的國家制度的事業，參加賴有他才第一次意識到本身地位和要求，意識到本身解放條件的現代無產階級的解放事業，──這實際上就是他畢生的使命。鬥爭是他得心應手的事情。而他進行鬥爭的熱烈、頑強和卓有成效，是很少見的。最早的《萊茵報》（1842年），巴黎的《前進報》（1844年），《德意志–布魯塞爾報》（1847年），《新萊茵報》（1848-1849年），《紐約每日論壇報》（1852-1861年），以及許多富有戰鬥性的小冊子，在巴黎、布魯塞爾和倫敦各組織中的工作，最後是創立偉大的國際工人協會，作為這一切工作的完成──老實說，協會的這位創始人即使別的什麼也沒有做，也可以拿這一成果引以自豪。（Engels, 2009a: 601）

　　本節以馬克思與憲章運動左翼領導人瓊斯（Ernest Charles Jones，1819-69）的關係為例，說明馬克思的政治活動如何影響了他的寫作，尤其是與《資本論》有關的寫作。眾所周知，馬克思對憲章運動有很高的評價。他在1852年的〈憲章派〉（刊於《紐約每日論壇報》，後摘要轉載於瓊斯創辦的憲章派週報《人民報》）中說：

　　　　現在我們來談談**憲章派**這個不列顛**工人階級**的具有政治積極性的部分。他們為之而鬥爭的憲章裡的六條，所包括的內容，無非是對**普選權**的要求，以及使普選權不致成為工人階級的空想的那些條件，這就是：實行祕密投票、規定議員支薪、每年舉行大選。但是對於英國工人階級來說普選權等於政治權力，因為在英國，無產階級占人口的絕大多數，在長期的、雖然是隱蔽的內戰過程中，無產階級已經清楚地意識到自己的階級地位，而且甚至在農業地區也不再有農民，而只有地主、產業資本家（農場主）和雇傭工人。因此，在英國，普選權的實行，和大陸上任何標有社會主義這一光榮稱號的其他措施相比，都將在更大的程度上是社會主義的措施。

　　　　在這裡，實行普選權的必然結果就是**工人階級的政治統治**。（Marx, 1995b: 424-5）

　　在這篇文章中，馬克思還盛讚瓊斯是「最有才幹、最徹底、最堅決的憲章派」（Marx, 1995b: 427）。瓊斯生於德國，與馬克思同年，1845年起投入憲章運動，很快便擔任憲章運動機關報

《北極星報》（*The North Star*）的編輯。[14]1847年6月加入共產主義者同盟，與馬恩往來頻密。1848年6月入獄，1850年7月出獄後恢復政治活動，試圖重振憲章運動。1851年3月召開全國憲章派代表大會，選出了新的執行委員會並通過由瓊斯等人起草的綱領。1851-52年創辦《寄語人民》（*Notes to the People*），馬克思參與了編輯與撰稿工作（見李慕，2015: 175-9）。[15]1852年5月，瓊斯將《寄語人民》改組為《人民報》（*The People's Paper*，1852-58），馬克思同樣與其密切合作，甚至邀請朋友一起撰稿（*Ibid.*: 212-26）。

　　過去常見的論述方式，是瓊斯受到馬克思及恩格斯的「賞識」，並深受其影響。[16]然而，瓊斯是「憲章派的獨一無二的領袖，不僅支持歐洲的革命運動，而且也同情和支持遭受不列顛王國壓迫的殖民地人民。他首先……通過報紙自己的報紙把無產者的注意力引向殖民地問題」（李慕，2015: 304）。晚近的研究強

14　恩格斯從1843年初就與曼徹斯特的英國憲章派有聯繫。從1844年5月初至6月底，恩格斯擔任了《北極星報》的通訊員（見李慕，2015: 65-9）。

15　據估計，馬克思可能以不同方式參與（如共同討論、編輯、合著）了《寄語人民》三分之一以上的文章（Drapeau, 2017: 4）。

16　對瓊斯的描述通常會引述恩格斯1852年3月18日在信中對馬克思說的這句話：「瓊斯走在完全正確的道路上，我們也可以大膽地說，如果沒有我們的學說，他絕不可能走上正確的道路」（Engels, 1973: 38）。此外，往往還會強調他在1857-58年與資產階級激進派妥協，導致馬克思與恩格斯暫時與他絕交（見馬克思1859年2月1日給魏德邁的信：Marx, 1972e: 551），直到數年後才恢復關係（馬克思當時對瓊斯的評語是「他不是利用危機，以真正的鼓動去代替進行鼓動的拙劣的藉口，而是硬要堅持他那一套荒謬的東西，用跟資產者合作的說教來推開工人，而他也根本沒有得到資產者一絲一毫的信任。……這頭蠢驢首先應當成立一個黨，為此他必須去工廠區。到那時，激進資產者是會來同他妥協的。」〔Marx, 1972a: 211〕）（cf. Carver, 2018: 56-7）。

調，在與馬克思深入合作的過程中，瓊斯這位卓越的工運活動家在反殖民主義、印度、蘇格蘭等問題上對馬克思有不容小覷的影響，甚至是馬克思後期逐漸邁向更開放、多線的史觀的關鍵之一（Drapeau, 2017）。[17]

馬克思與瓊斯在《寄語人民》合作撰寫了六篇文章，其中兩篇與合作運動有關，相當值得討論，也可以與馬克思後來的合作社論述比較。這兩篇文章是先後在1851年5月和9月發表的〈致合作原則的支持者與合作社社員〉（A Letter to the Advocates of the Co-operative Principle and to the Members of Co-operative Societies）和〈合作：什麼是合作，合作應該是什麼〉（Co-operation. What It

---

17 馬克思較早期的著作確實帶有後殖民理論所詬病的「歐洲中心論」或單線史觀的色彩（馬克思與後殖民理論的關係相當複雜，可參考如Anderson, 2010；Chibber, 2013），如《共產黨宣言》便有這樣的文字：「資產階級，由於一切生產工具的迅速改進，由於交通的極其便利，把一切民族甚至最野蠻的民族，都捲到文明中來了。它的商品的低廉價格，是它用來摧毀一切萬里長城、征服野蠻人最頑強的仇外心理的重炮。……正像它（按：資產階級）使農村從屬於城市一樣，它使未開化和半開化的國家從屬於文明的國家，使農民的民族從屬於資產階級的民族，使東方從屬於西方」（Marx and Engels, 2014: 107）。馬克思1853年6月寫的〈不列顛在印度的統治〉也認為英國的侵略「在亞洲造成了一場最大的、老實說也是亞洲歷來僅有的一次社會革命」，儘管「從純粹的人的感情上來說……是會感到悲傷的」（Marx, 1961a: 148）。但馬克思在同一篇文章中，開始使用「東方的愛爾蘭」（Marx, 1961: 143）這個詞來形容受盡壓迫的印度，很可能是受了瓊斯的影響，因為瓊斯在1853年5月28日發表在《人民報》的〈印度如何受統治〉（How India is Ruled）一文中也使用了這個詞彙（Drapeau, 2017: 8）。同樣討論印度問題，到了1853年7月22日的文章〈不列顛在印度統治的未來結果〉，馬克思的看法有了微妙的變化：「在大不列顛本國現在的統治階級還沒有被工業無產階級推翻以前，或者在印度人自己還沒有強大到能夠完全擺脫英國的枷鎖以前，印度人民是不會收到不列顛資產階級在他們中間播下的新的社會因素所結的果實的」（Marx, 1961b: 250-51）。這段話的重點在於馬克思指出了「由印度人自己擺脫英國的枷鎖」的可能性。這是反殖民主義的、支持民族解放的立場。

Is, and What It Ought To Be）。[18]

　　瓊斯和馬克思批判了當時流行的見解，以為「只要幾個人一起合作做生意，盡可能賺錢」就是合作。他們指出，真正的「合作」指的是「廢除瘋狂逐利和工資奴隸，代之以**獨立與聯合的勞動**（independent and associated labour）」，而合作運動的目標是「終結無止盡的追求利潤：將工人階級從工資奴隸當中解放，使其成為自己的主人；消滅壟斷，減緩財富的集中，使財富平穩地普及於社會」（Jones, 1979b: 587, 574，重點為筆者所加）。用前文討論過的語彙來說，其中既有「無支配」的理想，也有對「自主」的追求。

　　這兩篇文章的一項重點，是主張使合作運動「**國家化**」，也就是說，在整個國家的基礎上發展合作運動，建立起「利益共同體」（community of interest）（Jones, 1979b: 587），使行動統一（unity of action）、利益一致（identity of interest）（Jones, 1979a: 580）；必須不斷擴張聯合勞動的力量，彼此支援（例如將一定的盈餘繳入全國性的基金，運用這筆基金購置土地及設備、援助較弱小的合作社等），而不是任憑個別的合作社單打獨鬥、相互競爭，甚至與市場上的大資本打商業戰（他們提醒：大資本可以同時在國際與國內市場競爭，還可以賣得比合作社更便宜；更重要的是，他們往往還能發揮政治力量，通過對自己有利的法律

---

18 兩篇文章署名的作者都只有瓊斯。陳力丹、陳輝（2016）提到這兩篇文章為馬克思與瓊斯合著，也指出目前沒有中譯文。知名的社會主義史學者Claeys（2018: 178）認為馬克思直到1850年代後期才認識到合作運動的重要，但這兩篇與瓊斯合著的文章可證明馬克思更早就意識到了這個問題。

〔Jones, 1979a: 575-7〕）。[19]這呼應了馬克思1866年在第一國際的
主張：

> 合作制度在單個的雇傭勞動奴隸靠個人的努力所能為它
> 創造的狹小形式侷限之下，絕不能改造資本主義社會。為
> 了把社會生產變為一個由自由、合作的勞動（free and co-
> operative labor）構成的和諧的大整體，必須進行全面的社會
> 變革，也就是社會的全面狀況的變革。除非把社會的有組織
> 的力量即國家政權從資本家和地主手中轉移到生產者自己手
> 中，否則這種變革絕不可能實現。（Marx, : 271，中譯略有
> 修改）

此外，1856年4月14日，馬克思受邀出席《人民報》創刊四
週年的宴會，並發表演說。馬克思說：

> 在我們這個時代，每一種事物好像都包含有自己的反面。
> 我們看到，機器具有減少人類勞動和使勞動更有成效的神奇
> 力量，然而卻引起了飢餓和過度的疲勞。新發現的財富的源
> 泉，由於某種奇怪的、不可思議的魔力而變成貧困的根源。
> 技術的勝利，似乎是以道德的敗壞為代價換來的。隨著人類

---

19 請務必注意：「國家化」不等於「強化國家或政府的權力」，甚至使其不受節制。
馬克思向來主張「工人階級並不是通過……法律的施行來鞏固政府的權力。相
反，他們是把目前被用來壓迫他們的政權變為自己的武器」（Marx, 2003b: 270）。
在合作社問題上，他在〈哥達綱領批判〉中明確表示「至於現有的合作社，它們
只是在工人自己獨立創辦，既不受政府保護，也不受資產者保護的情況下，才有
價值」（Marx, 2001a: 27）。

愈益控制自然，個人卻似乎愈益成為別人的奴隸或自身卑劣行為的奴隸。……我們的一切發現和進步，似乎結果是使物質力量具有理智生命，而人的生命則化為愚鈍的物質力量。……我們知道，要使社會的新生力量很好地發揮作用，就只能由新生的人來掌握它們，而這些新生的人就是工人。（Marx, 1962: 4）

這段話，恰恰呼應了《資本論》第一卷第十三章〈機器和大工業〉的要旨：「機器不是使工人擺脫勞動，而是使工人的勞動毫無內容。一切資本主義生產既然不僅是勞動過程，而且同時是資本的增殖過程，就有一個共同點，即不是工人使用勞動條件，相反地，而是勞動條件使用工人」（Marx, 2017a: 402）。

馬克思也在與瓊斯的來往中，逐漸瞭解蘇格蘭的問題。馬克思1853年1月21日寫的〈選舉。──財政困難。──薩瑟蘭公爵夫人和奴隸制〉便嚴厲批判蘇格蘭一位「精通馬爾薩斯學說」的薩瑟蘭女伯爵，說她把大批由克蘭（氏族）共有的領地變為牧羊場：

　　從1811年至1820年，這15,000居民（約3,000戶）不斷地遭到驅逐和滅絕。他們居住的所有村莊都被破壞和燒毀，所有的田地都被變為牧場。不列顛的士兵被派來執行這種暴行，結果同當地居民發生了直接的搏鬥。一個老太太因拒絕離開自己的茅舍而被燒死在裡面。高貴的女伯爵就是通過這種方式把自古以來屬於克蘭的794,000英畝的土地攫為己有。……她把非法霸占的全部克蘭土地劃分為29個大牧

羊場，每個牧羊場只住一家人，大部分都是英格蘭的農場工人。到1820年，15,000蓋爾人已被131,000隻羊所代替。（Marx, 1995c: 611-2）。

這些精彩的歷史分析與批評，後來完整出現在《資本論》第一卷第二十四章〈所謂原始積累〉（見Marx, 2017a: 700-705），成為《資本論》重要的血肉。[20] 隔年（1854年）5月19日，馬克思又在《紐約每日論壇報》）發表了〈對塞瓦斯托波爾的攻擊。——在蘇格蘭對領地的清掃〉，文中再次強調他要批判「在愛爾蘭和蘇格蘭清掃領地的過程，由於這種清掃，本世紀前半期有千千萬萬的人被從祖居的土地上趕走」（Marx, 1998a: 285）。而他這篇文章使用的材料，則借自瓊斯在1854年5月13日發表在《人民報》的社論。

到了1860年代，馬克思積極參與第一國際的創立與組織活動，這段經歷同樣深刻影響了他的寫作。比如說，1865年5月至8月，馬克思與第一國際總委員會內的歐文主義者韋斯頓（John Weston）展開論辯（韋斯頓認為工資的提升會提高消費品價格，對工人並沒有好處，因此反對工人透過罷工爭取提高工資；見如Lapides, 1998: 168-73；Nimtz, 2000: 189-91；Roberts, 2017: 174-5）。該年6月20日、6月27日，馬克思在委員會會議上以英語提出的報告（也就是著名的〈工資、價格和利潤〉）便「用非常緊湊但又相當通俗的形式敘述了預先從我的書〔按：《資本論》第

---

20 托洛茨基寫道：「十九世紀初，薩瑟蘭公爵夫人完成了對蘇格蘭北部土地的圈占，馬克思用他不朽的文字記錄了這令人震驚的慘劇」（Trotsky, 1925）。

一卷〕中取出的許多新東西」（Marx, 1972g: 128）。

　　我們在《資本論》第一卷可以看到不少馬克思在第一國際的活動軌跡。第八章〈工作日〉有這麼一段：

> 　　南北戰爭的第一個果實，就是爭取八小時工作日運動。……與此同時（1866年9月初），在日內瓦召開的『國際工人代表大會』，根據倫敦總委員會的建議，通過決議：「限制工作日是一個先決條件，沒有這個條件，一切進一步謀求工人解放的嘗試都將遭到失敗。……我們建議通過立法手續把工作日限制為八小時。」（Marx, 2017a: 286）

　　工作日與工時問題是《資本論》的核心之一。對馬克思來說，只有降低工時，才有可能提升「個人受教育的時間，發展智力的時間，履行社會職能的時間，進行社交活動的時間，自由運用體力和智力的時間」（Marx, 2017a: 251）。唯有如此，人才能全面發展自己的潛能，實現人的解放。資本主義為大幅縮短工作日提供了物質基礎，但由於資本「唯一關心的是在一個工作日內最大限度地使用勞動力」（Marx, 2017: 252），因此，真的要縮短工時，還是得靠工人運動在政治、經濟、法律等各領域的鬥爭。這也是〈工作日〉這章具有高度政治意涵的原因。[21]《資本論》第

---

21 限於篇幅，本章沒有空間處理另一種重要的「政治」閱讀的方式了。簡單來說，這種閱讀方式試圖「對工人階級力量的發展模式進行戰略分析，唯有以此為基礎，才能回答『如何提升工人階級力量』的問題」（Cleaver, 1979: 58）。重點是要看到工人階級的自覺活動，不要把工人階級當成資本主義這台大機器底下的「受害的齒輪」（*Ibid.*）。這種閱讀方式與第五章提到的「自主馬克思主義」或更廣義的「政治馬克思主義」（political Marxism）有很密切的關聯。簡言之，政治馬

一卷出版後，工作日仍然是馬克思在第一國際內高度關注的課題。

又比如說，為了籌備1868年10月的布魯塞爾代表大會（當時《資本論》第一卷已經出版），第一國際總委員會在7月28日、8月4日討論了「關於在資本主義制度下使用機器的後果」。[22]馬克思在7月28日的發言中便引用了《資本論》第一卷第十三章〈機器和大工業〉的主要論點（見Marx, 1964e）。總委員會最後通過

克思主義反對「正統」歷史唯物論帶有的經濟決定論、客觀主義的傾向，主張是「階級鬥爭導致了歷史運動」，故階級鬥爭是「歷史運動的運作原則（operative principle）」（Wood, 1984: 105）。詳細的討論請參考萬毓澤（2006）。若要操作這種政治閱讀，〈工作日〉、〈機器和大工業〉、〈資本主義積累的一般規律〉等幾章是非常好的切入點，有許多段落皆極具啟發，如「資本是根本不關心工人的健康和壽命的，除非社會迫使它去關心」；「正常工作日的確立是資本家階級和工人階級之間長期的多少隱蔽的內戰的產物」；「〔關於工作時間的各種規定〕絕不是議會設想出來的。……它們的制訂、被正式承認以及由國家予以公布，是長期階級鬥爭的結果」；「為了『抵禦』折磨他們的毒蛇，工人必須把他們的頭聚在一起，作為一個階級來強行爭得一項國家法律，一個強有力的社會屏障，使自己不致再通過自願與資本締結的契約而把自己和後代賣出去送死和受奴役」；「資本主義生產方式按其本質來說，只要超過一定的限度就拒絕任何合理的改良」；「如果資本只是在社會範圍的個別點上受到國家的監督，它就會在其他點上更加無限度地把損失撈回來」（Marx, 2017a: 256, 284, 268, 287, 459, 466）。至於這個段落，相信能令台灣讀者會心一笑：「統治階級的兩個派別在關於它們當中誰最無恥地剝削工人的問題上展開的喧囂的狂熱的爭吵，從左右兩方面有助於真相的暴露」（Marx, 2017a: 651）。

22 馬克思在1868年8月11日的總委員會會議上也討論了工作日問題。當時總委員會的米爾納（George Milner，愛爾蘭的工運活動家）認為縮短工作日將導致生產減少，因此反對縮短工作日的主張。馬克思提出了這樣的意見：「公民馬克思不能同意米爾納的意見，即工作日的縮短將造成生產的減少，因為在實行限制工作日的那些部門裡，生產工具較之其餘的部門達到了更高的發展水準。工作日的限制引起了機器的更加廣泛的使用，進行小生產愈來愈不可能了，而這正是向社會生產過渡所必需的。……但是縮短工作日之所以必要，還在於要使工人階級能有更多的時間來發展智力。從法律上限制工作日，這是使工人階級智力發達、體力旺盛和獲得最後解放的第一步」（Marx, 1964f: 643）。這些發言內容都呼應了《資本論》第一卷的論點。

的決議草案中說：

　　一方面，機器成了資本家階級用來實行專制和進行勒索的
最有力的工具，另一方面，機器生產的發展為用真正社會的
生產制度代替雇傭勞動制度創造必要的物質條件。（Marx,
1964a: 357）

　　後來，在9月的布魯塞爾代表大會上，這段文字被納入了大
會通過的決議，成為第一國際的正式文件。[23]
　　最後再舉一例。馬克思在第一國際內，一直全力支持波蘭和
愛爾蘭的獨立運動。他在為第一國際的第一次代表大會起草議程
時，便特別將「通過實現民族自決權並在民主和社會的基礎上恢
復波蘭的途徑來消除俄國佬在歐洲的影響」列為第一國際的國際
政策（Marx, 1972i: 489；另見Marx, 2003b: 275-6）。[24]愛爾蘭方

23　在通過的決議中，還增加了這段強調合作社和工會作用的文字：「鑑於機器只有
　　到它被更公正的社會組織置於工人自己的掌握之中時，才能真正為工人服務，代
　　表大會宣告：（1）只有利用合作社和組織互助信用借貸，生展者才能占有機器。
　　（2）即使在當前情況下，在工會中組織起來的工人也可能在一旦突然遭到機器的
　　排擠時，爭取到某些保障和補償」（見王瑾，2011: 246）。

24　1865年3月1日，英國波蘭獨立全國同盟在倫敦聖馬丁堂紀念1863-64年波蘭起義
　　一週年，第一國際總委員會也參與了籌備工作。馬克思及恩格斯為何如此支持波
　　蘭獨立運動？1875年1月23日，倫敦舉辦波蘭起義十二週年的紀念會，馬克思在
　　會議上的發言相當值得引述：「首先，當然是由於對一個被奴役的民族的同情，
　　這個民族對奴役他們的人進行了不斷的英勇鬥爭，從而證明了它具有民族獨立和
　　民族自決的歷史權利。國際的工人政黨力求實現波蘭民族的恢復，這根本沒有絲
　　毫矛盾。相反地：只有在波蘭重新爭得了自己的獨立以後，只有當它作為一個獨
　　立的民族重新掌握自己的命運的時候，它的內部發展過程才會重新開始，它才能
　　夠作為一種獨立的力量來促進歐洲的社會改造」（Engels, 1964: 630）。

面，在第一國際成立後，馬克思參加了機關報《工人辯護士報》
的編輯和出版工作，而《工人辯護士報》是「唯一的以實行民族
自決權為依據、認為愛爾蘭人有權擺脫英國的枷鎖的英國報紙」
（Jung, 2003: 517）。整體而言，馬克思對愛爾蘭問題的看法可用
這段極富啟發性的文字來概括：

　　愛爾蘭是英國土地貴族的堡壘。對愛爾蘭的剝削不僅是他
們的物質財富的主要來源，而且也是他們最大的精神力量。
英國土地貴族事實上代表著英國對愛爾蘭的統治。所以愛爾
蘭是英國貴族用來維持他們在英國本土的統治的最重要的工
具。……英國貴族如果在愛爾蘭被推翻，那末，他們在英國
也就會並且必然會被推翻。這就為英國的無產階級革命創
造了前提。因為在愛爾蘭土地問題一向是社會問題的唯一
形式，因為這個問題對絕大多數愛爾蘭人民來說是一個生
存問題，即生或死的問題，同時它又是同民族問題分不開
的，所以，在愛爾蘭消滅英國的土地貴族比在英國本土要
容易得多。何況愛爾蘭人比英國人更熱情，更富於革命性。
　　……英國作為資本的大本營，作為至今統治著世界市場的
強國，在目前對工人革命來說是最重要的國家，同時它還是
這種革命所需要的物質條件在某種程度上業已成熟的唯一國
家。因此，加速英國的社會革命就是國際工人協會的最重要
的目標。而加速這一革命的唯一辦法就是使愛爾蘭獨立。
（Marx, 1974f: 654-5, 656；另見 Marx, 1964c: 473-5）

1867年，愛爾蘭人民發動三月起義爭取獨立，大批起義者

遭逮捕，包括投入愛爾蘭民族解放運動的芬尼亞社社員。馬克思為1867年11月26日的第一國際總委員會會議準備了愛爾蘭問題的提綱（但後來未發言），提綱的內容與《資本論》第一卷二十三章〈資本主義積累的一般規律〉的5.f節〈愛爾蘭〉高度重疊（Marx, 1964d），[25]可見馬克思的政治活動與學術寫作是緊密結合的。[26]1867年12月16日，馬克思在倫敦德意志工人共產主義教育協會（Communist Workers' Educational Association）[27]報告愛爾蘭問題時，又利用了這份提綱的材料。

　　1869年的夏季至秋季，愛爾蘭許多人要求赦免遭囚禁的芬尼亞社社員。由於英國政府拒絕，引發了1869年10月24日的倫敦示威遊行，馬克思一家人都參加了。[28]11月16日，馬克思起

---

25 這份提綱提到前文討論過的蘇格蘭的「清掃領地」，指出愛爾蘭也發生類似的狀況：「國家只是大地主的工具。逐出土地也被作為一種政治上的懲罰手段」（Marx, 1964d: 503）。此外，馬克思在提綱中認為芬尼亞運動是「社會主義的運動，下層階級的運動」（Marx, 1964d: 504）。1867年11月30日，馬克思在給恩格斯的信件中同樣指出，芬尼亞社的運動具有「社會主義的（從否定的意義上說，即作為反對強占土地的運動）傾向，而且是下層階級的運動。」他認為愛爾蘭必須（1）自治和脫離英國而獨立；（2）發動土地革命；（3）實行保護關稅制度以抵制英國。見Marx（1972h: 404, 405-6）。

26《資本論》第一卷是這樣描述愛爾蘭的：「今天的愛爾蘭僅僅是英格蘭的一個被大海峽隔開的農業區，它為英格蘭提供著穀物、羊毛、牲畜、工業新兵和軍事新兵」；「目前的相對過剩人口同1846年（按：該年發生大飢荒）以前一樣龐大；工資同樣很低，勞動的折磨更重；農村的貧困再一次逼近新的危機」；「被羊和牛擠走的愛爾蘭人作為芬尼亞社社員崛起於大洋彼岸了」（Marx, 2017a: 677, 678, 686）。

27 為1840年2月在倫敦建立的革命組織，原名為德意志工人教育協會，1846年改為此名，主要成員是德國僑民和工人。此協會與第一國際的關係可參考湯潤千（1983）。

28 燕妮·馬克思（馬克思的長女）極生動地描述了當天的遊行：「倫敦最大的公園（按：海德公園）擠滿了男人、女人和孩子。連最高的樹枝上都爬滿了人。據報紙

草〈總委員會關於不列顛政府對被囚禁的愛爾蘭人的政策的決議草案〉，文中說「國際工人協會總委員會對愛爾蘭人民勇敢堅決而高尚地要求大赦的運動表示敬佩」（Marx, 1964b: 433）。列寧1914年的〈論民族自決權〉曾全文引用這份草案，文中說：「馬克思向壓迫民族中的一位社會主義者詢問了一下他對被壓迫民族的態度，就能立刻發現統治民族（英吉利和俄羅斯）中的社會主義者的一個共同缺點；不瞭解他們對被壓迫民族所負的社會主義義務，一味重複他們從『大國』資產階級方面接受來的偏見」（Lenin, 1988: 264）。列寧很精準地掌握了馬克思的政治理念。

馬克思不是在政治與社會的「真空」環境當中寫作的。透過本節簡要的討論，我們知道他對殖民主義、蘇格蘭、資本主義等問題的思考，都與他1850年代以降與憲章運動左翼（尤其是瓊斯）的來往緊密相關，後來也都在反映在他的《資本論》及其他寫作之中；[29]而馬克思在第一國際內的活動，也與他的《資本論》寫作產生了交互影響。對馬克思進行這種**跨文本的政治閱讀**，不僅有助於理解馬克思的思想發展歷程，也有助於更準確理解馬克思的作品。

估計，到會的將近七萬人，不過這是英國的報紙，因此這個數字無疑是大大縮小了的。示威者拿著紅色、綠色和白色的旗子，上面寫著各式各樣的標語，例如：『時刻準備作戰！』『不服從暴君就是對上帝盡職』。還有許多紅色雅各賓帽在空中飛舞，比旗子還高，這些帽子的主人唱著〈馬賽曲〉；這個場面和這些聲音恐怕大大地打攪了在俱樂部裡享用波爾圖酒的常客」（Jenny Marx, 1974: 689）。

29 有意思的是，1867年10-11月間，瓊斯本人在英國好幾個城市做了一系列與資本和勞動有關的演講，同年也將演講稿出版為《勞動與資本講稿》（*Labour and Capital: A Lecture*，1967），但卻沒有提到馬克思的作品（見MEGA²第二部分第九卷《資本論》1887年英譯本的編者說明：Marx, 1990: 705）。

第八章
逃避《資本論》？：經濟、歷史與生態

　　一百多年來，從對《資本論》的討論、批評、辯護、重建當中開展出各家各派的馬克思主義（政治）經濟學。如果要完整評析《資本論》的經濟思想，勢必得回顧馬克思主義（政治）經濟學的理論與歷史。本書當然不可能完成這個任務，只能請讀者參閱既有的著作（見如Howard and King, 2003, 2014；顧海良、張雷聲，2006；姚開建，2010）。此外，從（政治）經濟學的角度解說《資本論》的著作已如汗牛充棟，我不認為可以透過本書再談出太多新意。[1]因此，這一章將只集中討論兩個問題：首先，恩格斯對《資本論》的編輯工作如何影響了後人對馬克思的理解，尤其是馬克思的「危機理論」？其次，《資本論》是馬克思畢生的心血，但為什麼最終沒能完成？是否真的像某些論者主張的，馬克思因為有某些無法解決的（理論）問題，使他不得不「逃避

---

1 若讀者想瞭解《資本論》在（政治）經濟學領域引發的重大爭論，可參考這份新的選集：李建平、黃茂興、黃瑾（2017）。這份選集總共列出十四個主題，已相當完整：「《資本論》研究對象」、「《資本論》體系結構」、「《資本論》研究方法」、「勞動價值論」、「貨幣理論」、「剩餘價值理論」、「工資理論」、「資本積累理論」、「資本流通理論」、「社會資本再生產理論」、「平均利潤和生產價格理論」、「國際貿易理論」、「經濟危機理論」、「所謂『馬克思恩格斯對立』問題」。

《資本論》」（*auf der Flucht vor dem* Kapital）（Vollgraf, 1994）？

1.「資本是一個活生生的矛盾」：馬克思的危機理論與恩格斯的編輯工作

> 使實際的資產者最深切地感到資本主義社會充滿矛盾的運動的，是現代工業所經歷的週期循環的各個變動，而這種變動的頂點就是普遍危機。（Marx, 2017a: 14）

> 在危機中──在恐慌時刻過後──在工業蕭條期間，貨幣固定在銀行家、證券經紀人等等的手裡，就像鹿渴求清水一樣，貨幣也渴求投入的地盤，以便能作為資本來增殖。（Marx, 1998c: 8）

馬克思是最早注意到經濟危機問題的社會科學家。討論經濟危機或商業週期問題，一般會追溯到法國醫生和統計學家朱格拉（Clément Juglar，1819-1905）於1862年出版的《論法國、英國、美國的商業危機及其週期》（*Des Crises commerciales et leur retour periodique en France, en Angleterre, et aux Etats-Unis*）。[2]但早在1848年的《共產黨宣言》，馬克思和恩格斯就提到：

> 只要指出在週期性的重複中越來越危及整個資產階級社會生存的商業危機就夠了。在商業危機期間，總是不僅有很大一部分製成的產品被毀滅掉，而且有很大部分已經造成的生

---

2 朱格拉提出的8-10年的經濟週期後來稱為「朱格拉週期」。

產力被毀滅掉。在危機期間，發生一種在過去一切時代看來都好像是荒唐現象的社會瘟疫，即生產過剩的瘟疫。（Marx and Engels, 2014: 109-10）

部分論者認為，1990年代以降的幾次重大經濟危機只是「金融危機」，而與資本主義生產方式本身沒有密切關聯。針對這種論述，馬克思和恩格斯在1850年寫的這段話，即使從今天來看也毫不過時：

1843-1845年是工商業繁榮的幾年，這個時期的繁榮是1837-1842年幾乎連年工業蕭條的必然結果。像往常一樣，繁榮很快就產生了投機。**投機常常是發生在生產過剩已經非常嚴重的時期。它是生產過剩的暫時出路，但是，這樣它又加速了危機的來臨和加強危機的力量。**危機本身首先是爆發在投機領域中，而後來才波及到生產。因此，**從表面上看來，似乎爆發危機的原因不是生產過剩，而是無限制的、只不過是生產過剩之徵兆的投機**，似乎跟著而來的工業解體不是解體前急劇發展的必然結果，而不過是投機領域內發生破產的簡單反映。（Marx and Engels, 1998: 575，重點為筆者所加）

自1850年代起，馬克思開始比較密集地研究經濟危機問題，尤其關注貨幣、信貸問題與經濟危機的關聯。1857-58年爆發的世界經濟危機，更是馬克思撰寫《大綱》的直接背景。[3]他在寫

---

3 1857年12月17日，恩格斯在給馬克思的信件中說：「危機使我極度地緊張。價格一天天下跌。而且現在危機越來越逼近我們」（Engels, 1972: 223）。

作《大綱》的期間，同時準備了三本筆記（一般稱為《危機筆記》，收錄於尚未出版的MEGA²第四部分第14卷，相關研究見第二章表一），蒐集了美國及歐洲各國經濟危機的大量剪報、統計、官方報告，準備和恩格斯合寫一本小冊子，但後來未能出版。可以這麼說：整個1850年代，馬克思的筆記、手稿、書信、文章（尤其是他為《紐約每日論壇報》撰寫的文章）都貫徹了他對經濟危機問題的思考。

除了1850年代的著述外，1861-63年手稿、1863-65年手稿、《資本論》三卷等各處都看得到馬克思對資本主義危機的理論分析（儘管多數是雛形）。一個多世紀以來，馬克思的「危機理論」已經成為最具爭議、但也最具生命力與政治意涵的課題之一，亦有許多（馬克思主義）研究者不斷試圖將危機理論與經驗現實對話。在政治危機與經濟危機四伏的二十一世紀，相信會有更多人對馬克思的危機論述感興趣，也更願意公正地評價或開展馬克思的危機理論。[4]

簡單來說，從馬克思的著作中，大致可以梳理或開展出四種著重「單一因素」的危機理論（可比較如Mandel, 1991: 176-81；Mandel, 1980: 165ff.；Carchedi, 1991: 179-84；Chattopadhyay,

---

4 自1825年以來，資本主義已發生過至少二十多次嚴重的經濟危機。若根據Michael Roberts（2016）的說法，現代資本主義出現過三次長期蕭條（long depression），第一次是十九世紀後期（1873-1897），第二次是二十世紀（1929-39），第三次則是2008年以來的普遍衰退。經濟危機本身，已證明了並不存在「買和賣之間的形而上學的平衡」（Marx, 1998d: 492）。2009年法國出版了《資本主義的危機》（Les crises du capitalisme），編譯了馬克思1861-63年手稿中的危機論述，並由知名的馬克思主義哲學家Daniel Bensaïd（1946-2010）寫了長篇序言（見Marx, 2009i；Bensaïd, 2009b）。這表示至少有一部分出版社及公眾是對馬克思的危機理論感到好奇的。

2016: 114-21）。

　　首先，是**比例失調**（disproportionality）理論：強調資本主義生產的「無政府狀態」導致了第一部類（生產資料的生產）與第二部類（消費資料的生產）的不平衡，從而無法順利完成《資本論》第二卷論述的「再生產圖式」。然而，這種危機理論有種傾向，就是以為「『只要』保持各部類間正確的『比例』（『平衡條件』），資本主義就能和諧地、無限地增長」（Mandel, 1991: 94），卻忽略了「生產和消費間的不平衡……是資本主義所固有的，與資本主義競爭和生產（即投資決策）無政府狀態引起的兩大部類不平衡無關」（*Ibid*.: 177）。

　　其次，是**消費不足**（underconsumption）理論：強調資本主義的產能與工人的購買力之間的落差，也就是從「總需求不足」的角度解釋資本主義的生產過剩。這種理論的片面之處在於，似乎只要設法提高工人的購買力，便可避免危機的出現，從而得出凱恩斯式的結論。但問題在於，「資本主義生產不僅是一種商品生產，商品必須出售，然後才能實現剩餘價值和積累資本。它還是為利潤而進行的生產。在危機的前夕或早期階段，當利潤率已經下降時，任何有利於工人的較大的國民收入再分配都意味著通過減少剩餘價值率來使利潤率進一步下降……。在這種條件下，即使先前生產的消費品存貨的銷售量增長，資本家也不會增加投資。蕭條就會繼續下去」（*Ibid*.: 178-9）。

　　第三，是**過度積累**（overaccumulation）理論：認為危機是由剩餘價值生產的不足所引起。也就是說，由於資本無法充分增殖，從而使投資削減、就業減少，直到就業的下降（可藉此提升剩餘價值率）和資本的貶值（資本總量減少，使利潤率上升）足

以使利潤率回升。這種理論的弱點在於片面關注生產領域，而沒有考慮到價值實現的問題。從這種理論得出的結論，很可能是「只有實際工資被削減從而剩餘價值（利潤）自動地增加，危機才能得到克服，就業才能重新上升」（*Ibid.*: 174）。馬克思曾反駁這種論點：

> 這樣生產出剩餘價值，只是結束了資本主義生產過程的第一個行為，即直接的生產過程。資本已經吮吸了這麼多無償勞動，隨著表現為利潤率下降的過程的發展，這樣生產出來的剩餘價值的總量會驚人地膨脹起來。現在開始了過程的第二個行為。總商品量，即總產品，無論是補償不變資本和可變資本的部分，還是代表剩餘價值的部分，都必須賣掉。如果賣不掉，或者只賣掉一部分，或者賣掉時價格低於生產價格，那麼，工人固然被剝削了，但是對資本家來說，這種剝削沒有原樣實現，這時，榨取的剩餘價值就完全不能實現，或者只是部分地實現，資本就有可能部分或全部地損失掉。進行直接剝削的條件和實現這種剝削的條件，不是一回事。兩者不僅在時間和地點上是分開的，而且在概念上也是分開的。（Marx, 2017c：243-4）

Mandel（1991: 175n）、Callinicos（2003: 209）都曾以1970年代末的歷史經驗為例，說明這種理論的危險之處。在1976-1977年的西德與1978-1979年的西班牙，工會領導人都主張階級合作，因此為兩國工人設下了「巨大的工資限制」。雖然利潤與投資都因此增加，但卻沒有讓失業狀況好轉，而且投資幾乎都是

「合理化」的投資，無法對失業狀況產生減緩的效果。總之，僅僅關注生產層面，企圖用削減工資來增加剩餘價值率、挽救資本主義的做法，不僅無法解釋現實，更可能對左翼運動造成深遠的傷害。[5]

　　最後，是與本章的討論最相關的**利潤率趨向下降**理論。根據馬克思在《資本論》第三卷的討論，在資本主義的競爭下，所有資本家都傾向於提升勞動生產力以賺取更多利潤。這導致的一項非意圖後果（unintended consequence），就是使資本的有機構成提升，從而使平均利潤率趨向下降。[6]利潤率下降的後果是什麼？

---

5 左翼經濟學界頗為流行的**利潤擠壓理論**（profit-squeeze theory），也是「過度積累」或「剩餘價值生產不足」理論的一種變形。利潤擠壓理論的經典，是由兩位牛津經濟學家合作完成的作品（Glyn and Sutcliffe, 1972；另見如Rowthorn, 1976；Boddy and Crotty, 1975；Glyn et al., 1990；Armstrong et al., 1991）。該理論的核心論點是：實質工資的增加（可能肇因於產業後備軍減少及工人組織程度提升）擠壓到資產階級的利潤份額，因此導致利潤率下降。如Rowthorn在討論美國經濟時，便認為工資的提升「可以解釋美國1965-1970年間所損失的所有利潤率」（Rowthorn, 1976: 67）。雖然馬克思曾指出，週期性的危機發生前，工資往往有提高的現象，但從實在論的角度而言，事件／事態在時序上的相連不等於因果關係，更不等於因果解釋（Carchedi, 1991: 188）。

6 另見第四章注8。Cullenberg（1994: 3-12）為此爭議做了完整的介紹（但略顯過時，畢竟1990年代中期以降已出現不少新的討論，如第四章提過的TSS學派的興起）。利潤率的公式為 $p = \frac{s}{c+v}$（s為剩餘價值，c為不變資本，v為可變資本）。這個公式可進一步推導為 $p = \frac{\frac{s}{v}}{\frac{c}{v}+1}$。從這個公式可以看出，利潤率與剩餘價值率（$\frac{s}{v}$）成正比，並與資本的有機構成（$\frac{c}{v}$）成反比。據此，要阻擋利潤率下降的趨勢，可以透過**提升剩餘價值率**的方式來實現。一方面，由於技術進步，勞動生產力提高，故減少了必要勞動時間，使剩餘價值率提高（即生產更多的「相對」剩餘價值）；另一方面，資本家也可以透過延長工作時間、提高勞動強度、削減工資（即生產更多的「絕對」剩餘價值）的方式來提高剩餘價值率。但前者必須大量採用新技術，因此意謂資本有機構成的提高，而後者則有其內在限制（工作時間無

馬克思說：

> 就總資本的增殖率，即利潤率，是資本主義生產的刺激
> （因為資本的增殖是資本主義生產的唯一目的）來說，利潤
> 率的下降會延緩新的獨立資本的形成，從而表現為對資本主
> 義生產過程發展的威脅；利潤率的下降在促進人口過剩的
> 同時，還促進生產過剩、投機、危機和資本過剩。（Marx,
> 2017c: 241-2）

　　十九世紀末以來，馬克思的利潤率下降理論一直飽受爭議。
包括David Harvey在內的許多馬克思主義（研究）者都不接受這
套論述。Michael Heinrich（2012, 2013b）甚至認為馬克思在1870
年代以後實際上放棄了利潤率下降的理論，因此，馬克思主義者
不應該以利潤率下降理論為基礎來建構危機理論。但晚近利潤
率下降理論卻大有復甦之勢，Alan Freeman、Andrew Kliman、
Guglielmo Carchedi、Anwar Shaikh、Michael Roberts、Fred
Moseley、Joseph Choonara、Esteban Ezequiel Maito等（政治）經
濟學者都試圖在理論與經驗的層次上恢復這套理論的活力與解釋
力（中文評述見如周思成，2010），[7]並與Heinrich等人展開了激烈

法無限延長；工人對減薪及提升勞動強度的反抗）。因此，整體而言，剩餘價值率
的提高無法超越資本有機構成的提高。相關討論見如Mandel（1991: 164-6）、姚欣
進（2004: 76-7）、Rosdolsky（1992: 451-5）、岡本博之等（1993: 381-4）、Carchedi
（2011: 85-101）、余斌（2014: 222-39）、薛宇峰（2015）、Roberts（2018: 37-45）。

7　中國學界當然也有政治經濟學者對利潤率問題提出了理論與經驗的洞見，見如孟
捷（2018）。近來還有一份有趣的研究：魯保林（2016）的經驗研究證實了中國的
「社會主義市場經濟」也存在利潤率下降的趨勢。這意謂什麼？就交由讀者自行判
斷了。

的爭論（中文學界的評析見如謝富勝、汪家騰，2014；李亞偉，2018）。[8]

　　《資本論》第三卷的十三、十四、十五章是馬克思針對「利潤率趨向下降的規律」提出的主要論述，其中探討了利潤率趨向下降的「規律本身」（十三章）、「起反作用的各種原因」（十四章）和「規律的內部矛盾的展開」（十五章）。有論者認為，馬克思的理論是唯一一種提供了「利潤率與利潤率長期趨勢的一般理論」的經濟理論（Moseley, 2003: 3），根據主要就是來自《資本論》第三卷。

　　然而，第二章提過，恩格斯對《資本論》二、三卷的編輯工作晚近受到一些爭議。許多研究者的看法是：恩格斯不只是「潤飾」了馬克思的手稿（如更動文句結構及修辭，以使文字更易閱讀），更在某些重要地方**加入了自己的見解**。[9]以下我便以「利潤率趨向下降的規律」為例，說明恩格斯的編輯確實可能影響後人對馬克思的理解。

8　受篇幅及主題所限，本章無法對危機理論提出完整的評述或重建。但這裡可以多寫幾句。我認為，部分馬克思主義者對危機理論的分析與應用，始終存在一個根本問題，就是不加批判地採取了「方法論民族主義」的立場。正如韓國經濟學者丁聲振（Seongjin Jeong）（2013: 37）所言，「即使面對當前的全球經濟危機，即最典型的世界市場危機，大部分有代表性的馬克思主義研究者……仍然堅持以『一國』的模式，尤其是美國，作為他們的分析單元」。若沿用馬克思在「五篇」或「六冊」計畫中的用語，或許可以這麼說：完整的危機理論，必須在「生產的國際關係」和「世界市場」的層次上才能充分開展，也才能掌握馬克思所謂的「資產階級經濟一切矛盾的現實的綜合和暴力方式的平衡」，亦即「世界市場危機」（Marx, 2008a: 578）。

9　這很難說是恩格斯的刻意曲解，畢竟任何編輯工作都難脫編輯者自己的「先見」（*Vorurteil*；pre-judgment），更何況恩格斯面對的手稿是高度複雜、尚未完成的理論作品。

研究者對「利潤率趨向下降的規律」歷來大致有兩種詮釋方式。第一種是**實證主義式**的解讀，認為馬克思提出的是一種類似於**動向**（trend）的「趨勢」觀，換言之，「趨勢」指的是具體的「經驗結果」（利潤率長期而言會下降），因此是有預測能力的「規律」。法國首位獲諾貝爾經濟學獎（1988年）的經濟學者Maurice Allais在獲獎感言中便表述了這種實證主義觀點：

> 一切科學的前提，就是存在**規律性**（regularities），而這些規律性能夠成為**分析**與**預測**的對象。天體力學就是一個例子，但對許多經濟現象來說也是如此。只要對之進行透澈的分析，就能揭示和我們在物理科學中發現的一樣驚人的規律性。這就是為什麼經濟學是一門科學，也是為什麼這門科學建立在和物理科學一樣的普遍原則與方法之上。（Allais, 1997: 7，重點為筆者所加）。[10]

第二種是**實在論式**的詮釋，認為馬克思的觀點比較接近**趨勢與反趨勢交互作用下的**利潤率循環運動（cyclical movement），而不是利潤率的長期／動向式下降（secular, trend-like fall）。而這種觀點下的「規律」，不是實證主義傳統下的「經驗事實的恆常相連」（若A則B），而是指能夠發揮因果作用力（causal powers）的「生成機制」（generative mechanism），但機制啟動後能不能在經驗領域中產生特定效應（利潤率確實下降），則要看它在開

---

10 可參考實在論者對實證主義科學觀的批判，如Harré and Madden（1975）、Cartwright（1989）、Bunge（2006）、Kurki（2008）、Wan（2011）、Porpora（2015）、Sayer（2016）。

放系統下如何與其他機制互動。也因此，《資本論》第三卷談到利潤率透過競爭而平均化時，馬克思才會說這種平均化「像一**切經濟規律**一樣，要當作一種**趨勢**來看（der *Tendenz* nach, wie *alle ökonomischen Gesetze*）」（Marx, 2017c: 179，重點為筆者所加）。

　　細究下，支持第一種看法的論者多強調第三卷的第十三、十四章，支持第二種看法的則比較強調第十五章。第一種見解，最有力的文本證據是以下兩句：

> 但是，我們已經看到，實際上利潤率**從長遠來說**（*auf die Dauer*）會下降。（*Ibid.*: 229，重點為筆者所加）

> 這個規律只是作為一種趨勢發生作用；它的作用，**只有在一定情況下**（*nur unter bestimmten Umständen*），並且**經過一個長的時期**（*im Verlauf langer Perioden*）才會清楚地顯示出來。（*Ibid.*: 237，重點為筆者所加）。

　　但比對馬克思原始手稿後，發現第一句其實是**恩格斯的插入句**，不是馬克思的原句。至於第二句，也可以有兩種解讀方式。一種是突出「經過一個長的時期」這句話，強調利潤率的下降遲早會出現，這是一種偏向實證主義的解讀。但比較妥當的解讀，是將「只有在一定情況下」和「經過一個長的時期」並舉。也就是說，**只有當趨勢壓倒反趨勢**（而這會經過一段長的時期），利潤率才會下降（見Reuten, 2004: 170-5, 2002: 174-83的討論）。持平來看，馬克思似乎比較傾向把「趨勢」理解為一種能夠發揮因果作用力的機制，而不是簡單將「趨勢」視為特定的經驗結果。

另一個恩格斯「更動原意」的相關例子，出現在第三卷第十五章第一節的結尾處。這句是：「如果沒有相反的趨勢總是在向心力之旁又起離心作用，這個過程很快就會使資本主義生產**崩潰**（*Zusammenbruch*）」（Marx, 2017c: 257，重點為筆者所加）。然而，馬克思原來使用的詞彙是*zum Klappen bringen*，比較理想的翻譯可能是「對……產生（劇烈）衝擊」。但改成「崩潰」後，語意就更強烈，且毫無彈性可言了。

除了《資本論》第三卷外，還有一個相關的文本證據。在1861-63年的經濟學手稿中，馬克思也使用過幾乎相同的表達方式，但注意到這個問題的人似乎不多。馬克思的手稿是這樣寫的：「如果沒有抵銷的趨勢……總是在向心力之旁又起離心作用，這個過程很快就會使資本主義生產崩潰（*zum Klappen bringen*）」（Marx, 2008b: 295）。請注意，馬克思再度使用了*zum Klappen bringen*。這個手稿雖然沒有由他人將此詞改為「崩潰」（*Zusammenbruch*），但現行中譯本依然將此詞譯成「崩潰」，我認為相當值得商榷。對照下，*Marx and Engels Collected Works*的英譯本則是將*zum Klappen bringen*譯為bring to a head（使……到達緊要關頭；使……進入決定性的階段；使……陷入危機）（Marx, 1989: 444）。英譯可能比中譯更準確。

還有不少例子，可說明恩格斯的改動可能影響後人對《資本論》的理解。此處再舉一例（這個例子參考了Saito, 2017a: 269n）。日本經濟學者大谷禎之介（MEGA²第二部分第十一卷的編者）的四卷本《馬克思的生息資本理論》（マルクスの利子生み資本論，2016）仔細比較了馬克思原始手稿和恩格斯編輯後的《資本論》第三卷，發現恩格斯在第五篇「生息資本」的部分

對馬克思的手稿有許多重要的改動。這些改動，使最後呈現的版本與馬克思手稿的「特點與結構差異甚大」（大谷禎之介，2016a: 528）。[11]

比如說，《資本論》第三卷第二十七章（「信用在資本主義生產中的作用」）的結尾部分，馬克思的原始手稿是「接下來，**我們將要考察生息資本本身**（包括信用對這種資本的影響和這種影響採取的形式）」（手稿英譯見Moseley, 2015: 539），但恩格斯卻將這句改成了「以下幾章，我們將要聯繫生息資本本身來**考察信用**，考察信用對這種資本的影響和信用在這裡所採取的形式」（Marx, 2017c: 446，重點為筆者所加）。這樣的改動，容易讓讀者以為馬克思本來就打算在《資本論》第三卷考察信用問題。但根據大谷禎之介的分析，其實馬克思手稿的第五章第五部分（恩格斯將這一部分做了大幅的文字及結構調整，成為《資本論》第三卷的第25-35章）的主要研究對象是生息資本，而不是信用。

這並不是吹毛求疵的次要問題，而是牽涉到我們對馬克思寫作計畫的理解。第三章曾提過馬克思的「六冊」計畫（見本書表一、表四）。根據這個計畫，「信用」問題是不在《資本論》的考察範圍內的，因為《資本論》只打算處理「資本一般」，因此「沒有包括資本的競爭和信用」（馬克思1862年12月28日給庫格曼的信，見Marx, 1974a: 636；另見如馬克思1858年4月2日致恩格斯的信：Marx, 1972c: 299；馬克思1859年2月1日給魏德邁

---

11 我引用的是大谷禎之介榮獲2016年世界馬克思經濟學獎（World Marxian Economics Award）的得獎致詞。請注意，這篇致詞的中譯（大谷禎之介，2016b）不是很準確。由於馬克思1864-65年的經濟學手稿英譯本已經出版（見Moseley, 2015），不懂德文的讀者可根據英譯本來閱讀、評價大谷禎之介的研究。

的信：Marx, 1972f: 553）。如Heinrich（2013b）所指出，在馬克思1863-65年的經濟學手稿（恩格斯編輯《資本論》第三卷時主要使用了這份手稿，即第I稿）中，信用制度只是在討論生息資本時的**附帶討論對象**。因此，恩格斯的編輯確實更動了手稿的原意。儘管馬克思在1868年4月30日給恩格斯的信中，已經將信用制度與生息資本相提並論（見Marx, 1974e: 75，轉引自Heinrich, 2013b），表示他希望將信用制度納入《資本論》的架構（如本書第三章提過的，馬克思對「資本一般」的構想一直在演進），但就馬克思完成的部分而言，他確實沒有對信用制度提出（足夠）完整的分析。

再回到利潤率趨向下降的問題。恩格斯將*zum Klappen bringen*改寫為*Zusammenbruch*，多少使後人（尤其是第二國際的理論家）以為馬克思主張某種「資本主義崩潰論」（Vollgraf and Jungnickel, 2002: 62）。如Raymond Aron（1967: 168, 170，重點為筆者所加；另見Aron, 2002）在其名著中便這麼質疑馬克思：「利潤率趨向下降的規律最多告訴我們，隨著機械化和生產力的提高，資本主義的運作會越來越困難，但並沒有證明**最終災難**（*catastrophe finale*）的必然性，更不用說最終災難會在何時到來」。換言之，《資本論》沒能在經濟理論的層次上證明「資本主義的**自我毀滅**（*autodestruction*）是必然的」。[12]

---

12 如洪鎌德（2014: 313）也認為「在《資本論》中馬克思提供了資本主義必然崩潰的『科學上可茲證明的確定性』。這也就是俗稱的『崩潰論』」。1890到1930年代左右，「資本主義何時崩潰」便成了飽受爭論的話題（Stedman Jones, 2016: 3）。早期對這種「資本主義崩潰論」最精緻的理論闡釋，是Henryk Grossman以《資本論》第三卷為基礎的《資本主義體系的積累規律與崩潰規律》（*Das Akkumulations- und Zusammenbruchsgesetz des kapitalistischen Systems*，1929）（見

　　然而，「自我毀滅」、「崩潰」等概念是與馬克思的理論體系格格不入的。在1857-58年的經濟學手稿中，馬克思就說，隨著機器的應用，資本既有「減少相對勞動人口」的趨勢（提升勞動生產力，從而提高資本的有機構成），又有「增加勞動人口」的趨勢（盡可能增加剩餘勞動）。馬克思說「兩種趨勢都是資本的必然趨勢」，而馬克思便將「這兩種矛盾的趨勢的統一」稱為「**活生生的矛盾**」（*lebendiger Widerspruch*）（Marx, 1998c: 179）。他在同一份手稿的另一處也有類似的說法：「資本一方面確立它所特有的界限，另一方面又驅使生產超出任何界限，所以資本是一個活生生的矛盾」（Marx, 1998b: 405）。簡言之，「資本的生產是在矛盾中運動的，這些矛盾不斷地被克服，但又不斷地產生出來」（Marx, 1998b: 390）。當這些矛盾爆發時，「勞動暫時中斷，很大一部分資本被消滅，這樣就以暴力方式使資本回復到它能夠充分利用自己的生產力而不致自殺的水平」（Marx, 1998c: 150）。

　　因此，如前文所述，馬克思傾向從趨勢與反趨勢的交互作用來理解利潤率的長期波動，而非直線的利潤率下降。[13]在《資本論》的許多段落中，馬克思強調資本是具有「彈性」的，並且會利用這種「彈性」竭盡所能地榨取剩餘勞動與剩餘價值。馬克思寫道：

Mandel, 1991: 215-7簡要的批判）。對馬克思主義「崩潰論」的概念史考察可參考Hansen（1984）。

13　另一個重要的文本證據來自1861-63年經濟學手稿：「當斯密用資本過剩、資本積累來說明利潤率下降時，說的是永久的影響問題，而這是錯誤的；相反，暫時的資本過剩、生產過剩、危機則是另一回事。**永久的危機是沒有的**」（Marx, 2008a: 564，重點為筆者所加）。

　預付資本——一個既定的價值額，它在它的自由形式上，在它的價值形式上，是由一定的貨幣額構成的——在轉化為生產資本之後，包含著生產的潛力，這些潛力的界限，不是由這個預付資本的價值界限規定的，這些潛力能夠在一定的活動範圍之內，在外延方面或內涵方面按不同程度發揮作用。……但資本作為價值形成要素和產品形成要素的作用大小是有彈性的，可以變化的。（Marx, 2017b: 336）。

這種「彈性」從何而來？一方面是對勞動力的剝削：

　併入資本中的各種生產要素的擴大，在一定的界限之內，不是取決於預付貨幣資本的量。在勞動力的報酬相同的情況下，可以從外延方面或內涵方面加強對勞動力的剝削。（Marx, 2017b: 334）

　資本主義生產方式按照它的矛盾的、對立的性質，還把浪費工人的生命和健康，壓低工人的生存條件本身，看做不變資本使用上的節約，從而看做提高利潤率的手段。（Marx, 2017c: 87）

另一方面則是對自然資源的剝削：

　生產上利用的自然物質，如土地、海洋、礦山、森林等等，不是資本的價值要素。只要提高同樣數量勞動力的緊張程度，不增加預付貨幣資本，就可以從外延方面或內涵方

面，加強對這種自然物質的利用。（Marx, 2017b: 335）

為了盡可能增加資本的「彈性」，甚至可以對勞動力和土地進行「預支」：

> 對未來的預支——真正的預支——一般說來在財富生產上只有對工人和對土地來說才有可能。由於過早的過度緊張和消耗，由於收支平衡的破壞，工人和土地的未來實際上可能被預支和被破壞。在資本主義生產條件下兩者都會發生這種情況。（Marx, 2008b: 292）

然而，這種「彈性」終究有**無法逾越的極限**，因為不論勞動力或自然環境、自然資源，都不可能讓資本永無止盡地剝削。殺雞取卵，終將反噬資本的客觀生產條件：**人與自然**。幾乎所有生態馬克思主義者都會強調《資本論》第一卷的這個重要段落：

> 資本主義生產使它彙集在各大中心的城市人口越來越占優勢，這樣一來，它一方面聚集著社會的歷史動力，另一方面又破壞著人和土地之間的物質變換，也就是使人以衣食形式消費掉的土地的組成部分不能回歸土地，從而破壞土地持久肥力的永恆的自然條件。這樣，它同時就破壞城市工人的身體健康和農村工人的精神生活。……在農業中，像在工場手工業中一樣，生產過程的資本主義轉化同時表現為生產者的殉難史……。資本主義農業的任何進步，都不僅是掠奪勞動者的技巧的進步，而且是掠奪土地的技巧的進步，在一定時

期內提高土地肥力的任何進步，同時也是破壞土地肥力持久源泉的進步。……資本主義生產發展了社會生產過程的技術和結合，只是由於它同時破壞了一切財富的源泉——土地和工人。（Marx, 2017a: 481-2）[14]

總之，馬克思強調的是「活生生的矛盾」，是資本主義的「矛盾的、對立的性質」，而不是某種神祕的資本主義「最終危機」或「崩潰」。更重要的是，本身是工運組織者的馬克思，一向把眼光放在「日益壯大的、由資本主義生產過程本身的機制所訓練、聯合和組織起來的工人階級的反抗」（Marx, 2017a: 730）。Bensaïd（2009b: 26，重點為筆者所加）說得很好：

> 這些危機是不可避免的，但不是無法克服的。問題在於要**付出什麼代價、由誰付出代價**，才能克服這些危機。這個問題的答案不屬於政治經濟學，而是屬於階級鬥爭，屬於階級鬥爭中的政治與社會行動者。

既然答案在於階級鬥爭，那麼，若要理解馬克思，就必須充分認識到：

---

14 「第一階段」的生態馬克思主義者代表人物之一 James O'Connor（1998）便據此提出知名的「資本主義的第二重矛盾」之說。根據他的看法，資本主義的第一重矛盾是生產力與生產關係的矛盾，會導致生產過剩（剩餘價值無法實現）；第二重矛盾則是因生產條件被破壞而導致的「資本生產不足」。O'Connor根據馬克思的1857-58年的《大綱》區分出三種「生產條件」：一是勞動力，二是手稿中所謂的「外在的原始生產條件」（如森林、油田、水），三是手稿中所謂的「一般的、共同的生產條件」（如空間、都市基礎建設）（見如Marx, 1998b: 485, 532）。

> 階級鬥爭具有的核心地位及其結果的不確定性，意味著某種程度的偶連性（contingence）以及非機械式的開放因果觀念。……資本這個動態體系的內部矛盾開啟了廣泛的可能性。哪些會成真，哪些被放棄，則由階級鬥爭來決定。（Bensaïd, 2009a: 181-2）

2. 未完成的《資本論》：一些初步思考

第二章提到，馬克思後期越來越關注農業化學、地質學、礦物學甚至電學等自然科學領域，而且不只是業餘性質的閱讀，而是深入研究。[15]不妨瀏覽一下馬克思的藏書，便可略知一二：Bernhard Cotta的《德國的土壤：地質結構及其對人類生活的影響》（*Deutschlands Boden, sein geologischer Bau und dessen Einwirkung auf das Leben des Menschen*，1858）、Jean-Charles Houzeau的《氣候與土壤》（*Klima und Boden*，1861）、Robert Russell的《北美洲的農業與氣候》（*North America: Its Agriculture and Climate*，1857）、Adalbert Adolf Mühry的《地球氣候概觀》（*Klimatographische Übersicht der Erde*，1862）、Adolf Mayer的《肥料資本與掠奪式耕作》（*Das Düngerkapital und der Raubbau*，1869）、Johannes Conrad的《李比希關於地力耗竭的觀點及其歷史、統計與國民經濟學的根據》（*Liebig's Ansicht von der Bodenerschöpfung und ihre geschichtliche, statistische und nationalökonomische Begründung*）等等（Saito, 2017a:

---

15 以下的討論主要參考了日本經濟學者齋藤幸平的一系列重要研究成果（Saito, 2016, 2017a, 2018）及Kaan（2018）。

262-3）。此外，比較為人所知的是，馬克思最後十餘年亦極為關心「資本主義前史」，並在最後幾年做了大量的古代社會史、民族學、歷史學的筆記。問題在於，這些涵蓋廣泛的「跨領域」研究，除了確立馬克思的「通才」地位外，究竟與《資本論》的寫作有沒有關係？光是歷史學、民族學方面的研究，就已經讓部分論者相信馬克思晚年「開始對人文科學的一個更大的領域發動新的進攻，正因為被這一興趣所吸引，馬克思才未能——或許他從未打算完成他的《資本論》」（陳紀鶯等，1995: 17），更何況是與人文科學距離更遠的自然科學？馬克思是否放棄了《資本論》的寫作計畫？以下從三個角度做簡要的討論。

（1）利潤率、地租與土地所有制問題

馬克思在《資本論》第三卷中明確指出，自然條件的惡化，是可能影響利潤率的。他說：

> 在農業中（採礦業中也一樣），問題不僅涉及勞動的社會生產率，而且涉及由勞動的**自然條件**決定的勞動的自然生產率。可能有這種情況：在農業中，社會生產力的增長僅僅補償或甚至補償不了自然力的減低——這種補償總是只能起暫時的作用——所以，儘管技術發展，產品還是不會便宜，只是產品的價格不致上漲得更高而已。（Marx, 2017c: 775，，重點為筆者所加）

從這個角度來看，「利潤率下降的問題不能化約為單純的數學問題，而是必須與資本的各種物質面向聯繫起來考察」（Saito,

2018: 189）。[16]因此，對馬克思來說，即使是探討利潤率問題，也有必要借鑑自然科學的研究進展。

再者，《資本論》第三卷最重要的主題之一是地租。馬克思也指出，要徹底瞭解地租問題，不能不對農業化學及更廣泛的農學有透澈的掌握，必須「研究地力枯竭的現實的合乎自然規律的原因（所有對級差地租有所論述的經濟學家，由於當時農業化學的狀況，都不認識這些原因）」（Marx, 2017c: 788）。因此，《資本論》第一卷出版後，他持續研究農業化學，並在過程中拓展了自己的**生態視角**。1868年1月3日，他在給恩格斯的信中說：

> 我想向肖萊馬（Carl Schorlemmer）打聽一下，最近出版的有關農業化學的書籍（德文的）哪一本最新最好？此外，礦肥派和氮肥派之爭現在進行得怎樣了？（從我最近一次研究這個問題以來，德國出版了許多新東西。）他對近來反對李比希的土壤貧瘠論的那些德國作者的情況瞭解點什麼嗎？他知道慕尼黑農學家**弗臘斯**（慕尼克大學教授）的**沖積土論**嗎？**為了寫地租這一章，我至少要對這個問題的最新資料有所熟悉**。（Marx, 1974b: 5-6，重點為筆者所加）

眾所周知，德國農業化學家李比希（Justus von Liebig，1803-

---

16 馬克思確實曾在經濟學手稿中從「單純」的數學角度處理利潤率和剩餘價值率的問題，如1875年的〈以數學方式處理剩餘價值率和利潤率〉（Mehrwertrate und Profitrate mathematisch behandelt，1875）（收於MEGA²第二部分第十四卷，頁19-150）。關於馬克思的數學研究與政治經濟學研究的關係，可參考如Vollgraf（2015）。Vollgraf（2015: 73）認為，「馬克思從1857年起就不是零星地研究純數學，而是⋯⋯在撰寫經濟學著作時系統地研究數學的可應用性」。

73）對馬克思寫作《資本論》有很深的影響，強化了馬克思對資本主義農業的批判。[17]《資本論》第一卷曾多次引用李比希的著作。在1867年的第一版中，馬克思甚至說「李比希的不朽功績之一，是從自然科學的觀點出發闡明了現代農業的消極方面。他對農業史所作的歷史的概述雖不免有嚴重錯誤，但是**所包含的卓見比起全部現代政治經濟學家加在一起的著作還要多一些**」（Marx, 2016a: 519-20n，重點為筆者所加）。但1868年以降，馬克思大量閱讀了與李比希的《農業化學》有關的爭論，[18]並逐漸對李比希（學派）與馬爾薩斯理論（食物供應量的增加遠不及人口的增加）若合符節的悲觀論點有所保留。[19]

其中，馬克思密集研究了前述信件提到的農學家、氣候學家

---

17 馬克思首次接觸到李比希的著作，是在1850年代初期。當時馬克思正在密集研究地租問題，從經濟的角度閱讀了李比希的《化學在農業和生理學中的應用》（簡稱《農業化學》）（1842年第四版）。《倫敦筆記》的第XII、XIII、XIV本筆記本就大量摘錄了《農業化學》以及有「英國李比希」之稱的James F. W. Johnston的《農業化學和地質學演講集》（*Lectures on Agricultural Chemistry and Geology*，1847年第二版）、《農業化學和地質學問答》（*Catechism of Agricultural Chemistry and Geology*，1849年第二十三版），見1991年出版的MEGA²第四部分第九卷：《摘錄與筆記：1851年7月至9月（倫敦筆記第XI-XIV本筆記本）》（*Exzerpte und Notizen. Juli bis September 1851. (Londoner Hefte XI–XIV)*）。《倫敦筆記》對地租問題的研究可參考 Pradella（2015: 104-7）；另可參考齋藤幸平對李比希的討論（Saito, 2017a：第四章）。

18 從1840年代到1850年代中期，李比希傾向將化學施肥當成解決土壤肥力問題的萬靈丹。但在《農業化學》的1862年第七版（也就是《資本論》第一卷引用的版本）中，李比希已放棄原有的樂觀想法，而是更強調現代農業破壞、消極的一面（Saito, 2017a: 224）。

19 也因此，馬克思在1873年的《資本論》第一卷第二版中，便將第一版中的「所包含的卓見比起全部現代政治經濟學家加在一起的著作還要多一些」改成「也包含一些卓見」（Marx, 2017a: 482n）。見Saito（2016, 2017a: 218-28）的討論。

弗臘斯（Karl Nikolas Fraas，1810-75）的「農業物理學」。弗臘斯的主要論點是，要提高土壤肥力，不應（如李比希學派主張的）過分仰賴化學肥料，而是應該盡量利用自然力，如透過洪水增加土壤中的營養成分（即前述信件提到的「沖積土論」）。

　　馬克思對弗臘斯的評價很高，甚至認為他具有「不自覺的社會主義傾向」（Marx, 1974d: 53）。受到他的刺激，馬克思在1868年3月25日給恩格斯的信中說「必須認真研究全部近代和現代農業文獻。物理學派是同化學派（按：李比希學派就是其中的代表之一）對立的」（Ibid.: 54）。整體而言，弗臘斯的研究讓馬克思更有信心這麼說：

> 　　社會化的人，聯合起來的生產者，將合理地調節他們和自然之間的物質變換，把它置於他們的共同控制之下，而不讓它作為一種盲目的力量來統治自己；靠消耗最小的力量，在最無愧於和最適合於他們的人類本性的條件下來進行這種物質變換。（Marx, 2017c: 829）

　　換言之，人類有可能理性地、有組織地調控人與自然的物質變換（新陳代謝），[20]以永續的方式運用自然資源，從而超越資本主義生產方式造成的「物質變換裂縫」（metabolic rift）。[21]

---

20 我相當同意日本生態馬克思主義者岩佐茂（2016: 65）的看法：（後期的）馬克思著重的是「對人與自然關係的控制」，而不是「控制自然」。換言之，不應輕率地將馬克思視為強調「支配／控制／征服自然」的「普羅米修斯主義者」（另見 Saito, 2017a: 9-11, 257-8）。

21 「物質變換裂縫」是晚近部分生態馬克思主義者發展的分析架構（見如 Foster, 1999；Saito, 2017b；York, 2018），主要理論根據來自《資本論》第三卷的這段文字：

馬克思1868年起對德國歷史學者毛勒（Georg Ludwig von Maurer）的研究是他後期的歷史學研究中很重要的一部分。他對毛勒的歷史著作評價很高，大量閱讀、摘錄了毛勒的《馬爾克制度、農戶制度、鄉村制度、城市制度和公權力的歷史導論》（*Einleitung zur Geschichteder Mark-, Hof-, Dorf- und Stadt-Verfassung und der öffentlichen Gewalt*，1854）、《德國馬爾克制度史》（*Geschichte der Markenverfassung in Deutschland*，1856），《德國領主莊園、農戶和農戶制度史》（*Geschichte der Fronhöfe, der Bauernhöfe und der Hofverfassung in Deutschland*，1862-3）、《德國鄉村制度史》（*Geschichte der Dorfverfassung in Deutschland*，1865-6）等著作，對原始村社等問題有了更深入的瞭解，並促使自己更有系統地探究「資本主義生產以前的各種形式」（見如Krader, 1976；平子有長，2013、2016；Stedman Jones, 2016: 570-79；Krätke, 2018）。[22] 馬克思從1870年初起還自學俄文，以掌握俄國村社及土地問題的第一手材料，這多少也與他對毛勒的研究有關。借用馬克思信件中的用語：在村社這種「最舊的東西」當中，可以發現「最新的東西」，甚至是「連蒲魯東看到都會害怕的平等派」（Marx,

---

大土地所有制使農業人口減少到一個不斷下降的最低限量，而同他們相對立，又造成一個不斷增長的擁擠在大城市中的工業人口。由此產生了各種條件，這些條件在社會的以及由生活的自然規律所決定的物質變換的聯繫中造成一個無法彌補的裂縫，於是就造成了地力的浪費，並且這種浪費通過商業而遠及國外。（Marx, 2017c: 818）

22 馬克思1876年再次詳細摘錄了毛勒的著作。這份筆記收錄於MEGA²第四部分第二十四卷：《摘錄與筆記：1876年5月至12月（土地所有制史、法律與憲法史）》（*Exzerpte und Notizen. Mai bis Dezember 1876 (Geschichte des Grundeigentums, Rechts- und Verfassungsgeschichte)*），目前尚未出版。

1974d: 51-2）。[23]

　　馬克思第一次提到毛勒，是在1868年3月14日給恩格斯的信件。信中說：

> 在博物館裡，我除了鑽研其他著作外，還鑽研了老毛勒關於德國的馬爾克、鄉村等等制度的近著。他詳盡地論證了土地私有制只是後來才產生的，等等。……老毛勒的這些書……具有真正德意志的博學，但同時也具有親切而易讀的文風。（Marx, 1974c: 43）

在3月25日給恩格斯的信中，又對毛勒有一番正面描述：

> 關於毛勒：他的書是非常有意義的。不僅是原始時代，就是後來的帝國自由市、享有特權的地主、國家權力以及自由農民和農奴之間的鬥爭的全部發展，都獲得了嶄新的說明。……我們大家被這種判斷的盲目束縛得多麼厲害啊：恰好在我的故鄉，即在洪斯呂克，古代德意志的制度一直保存到最近幾年。（Marx, 1974d: 51-2）

---

23 我無意暗示馬克思對俄國村社制度的關注「只」與他的歷史研究有關。如前一章指出的，馬克思的知識活動總是與政治活動緊密交纏。借用馬克思晚年的話，他的理論工作始終是為了「給只想闡明社會生產的真實歷史發展的、批判的、唯物主義的社會主義掃清道路」（Marx, 2001b: 425-6）。1870年3月，日內瓦的俄國流亡者團體請求馬克思擔任他們在第一國際總委員會中的代表，從此馬克思便與俄國的革命者建立正式的聯繫（Nimtz, 2002: 74）。根據馬克思妻子的說法，馬克思學俄文時，「彷彿是生死交關的事」（Rubel, 1975: 252，轉引自Nimtz, 2002: 74）。「純粹」的學術研究是不會這樣看待語言問題的。

　　有意思的是，在這兩封給恩格斯的信中，馬克思都**同時提到弗臘斯與毛勒**。齋藤幸平特別指出弗臘斯與毛勒的聯繫（Saito, 2017a: 263-4）。弗臘斯本人對毛勒的歷史研究也有相當正面的評價。在他看來，毛勒研究的馬爾克公社恰恰是一種能夠永續發展的制度。弗臘斯在他的《農業危機及其補救方法》（*Die Ackerbaukrisen und ihre Heilmittel*，1866）一書中是這樣說的：

> 如果馬爾克公社只讓木柴、稻草、糞肥、甚至牲畜（豬！）的銷售在公社成員內部進行，並要求在公社內部消費所有收成的作物，甚至是酒類（從這種慣例當中出現了各式各樣的就地採購制度〔*Bannrecht*〕），那麼，這樣必然能夠維持地力；此外，使用從森林與牧場而來的額外養分……能夠到處增加地力。（轉引自 Saito, 2017a: 264）

　　據此，齋藤幸平推測，馬克思有可能是在1868年初閱讀了弗臘斯的著作後，引發了對毛勒的興趣，因此開始研究、摘錄毛勒的著作。

（2）對「資本主義前史」的研究

　　如前所述，馬克思最後十餘年極為關心，並在最後幾年摘錄、撰寫了《古代社會史筆記》（寫作時間為1879-1882年，涵蓋時期為西元前一世紀之前）和《歷史學筆記》（寫作時間為1881-1882年，涵蓋時期為西元前一世紀初至十七世紀中葉）。從寫作《資本論》的角度來看，這些筆記至少有三點意義。

　　首先，對非西方社會的考察，有助於馬克思完成對**土地所有**

制問題的研究。馬克思在1872年12月12日的信件中便說：「在《資本論》第二卷關於土地所有制那一篇中，我打算非常詳盡地探討俄國的土地所有制形式」（Marx, 1973: 549）。恩格斯在《資本論》第三卷序言中也說：「由於俄國的土地所有制和對農業生產者的剝削具有多種多樣的形式，因此在地租這一篇中，俄國應該起在第一冊研究工業僱傭勞動時英國所起的那種作用。遺憾的是，馬克思沒有能夠實現這個計畫」（Marx, 2017c: 6）。[24]

因此，馬克思晚年對土地所有制問題的研究，當然應該視為《資本論》研究計畫的延續，而非斷裂。馬克思曾在1861-63年的經濟學手稿中寫道：

> 現在本來應該研究：（1）從封建土地所有制到另一種形式，到由資本主義生產調節的商業地租的過渡；或者，另一方面，從這種封建土地所有制到自由的農民土地所有制的過渡；（2）在土地最初不是私有財產而資產階級生產方式至少在形式上一開始就占統治地位的一些國家，如美國，地租是怎樣產生的；（3）仍然存在著的土地所有制的亞細亞形式。但是這一切都不屬於這裡要談的。（Marx, 2008a: 39）

據此，馬克思後期的歷史研究，至少有一部分走向了1861-

---

24 由於沒有實現這個計畫，《資本論》第三卷第六篇〈超額利潤轉化為地租〉的「導論」才會說：「對土地所有權的各種歷史形式的分析，不屬於本書的範圍。我們只是在資本所產生的剩餘價值的一部分歸土地所有者所有的範圍內，研究土地所有權的問題。因此，我們假定，農業和製造業完全一樣受資本主義生產方式的統治」（Marx, 2017c: 631）。

63年手稿指出的這幾個研究方向。我十分同意魯克儉（2006: 17）
的見解：

> 〔在《資本論》第一卷出版後，〕馬克思系統研究了土地
> 所有制問題。在摘錄柯瓦列夫斯基有關印度土地所有制的
> 論述時，為了熟悉印度的相關歷史背景而做了《印度史編年
> 稿》。當馬克思覺得自己積累的有關土地所有制問題的材料
> 已經足夠豐富，並考慮做進一步的加工和整理時，為了熟
> 悉歐洲土地所有制發生、發展的歷史背景而做《歷史學筆
> 記》，就不難理解了。

其次，唯有瞭解「前史」，才能瞭解資本主義的起源、擴
張、變化，及其在不同社會的變與不變。馬克思《歷史學筆記》
研究的最後一個歷史事件，是英國十五世紀末的薔薇戰爭，而馬
克思冠之以「**社會革命**」的標題。這表示馬克思「並不是把『薔
薇戰爭』僅僅看成爭奪王權的王室戰爭，而是視為促進社會經濟
發展、推動原始積累的完成、為資本主義生產方式的形成奠定基
礎的『社會革命』」（李百玲，2014a: 65）。換言之，《歷史學筆
記》的研究剛好銜接上《資本論》第一卷的資本原始積累（另見
李百玲，2014b）。

最後，《歷史學筆記》摘錄的許多內容，為「六冊」計畫中
的「對外貿易」、「世界市場」提供了豐富的經驗素材，有助於
理解國際貿易和世界市場的形成過程（王曉紅、黃竹，2012）。
總之，馬克思後期的各種筆記（包括自然科學）都帶有明確的**問
題意識**，不是漫無目的的隨意摘錄。其中一項問題意識，就是延

續、開展他的《資本論》寫作計畫。

　　做個小結：從馬克思原本擬定的「六冊」計畫來看，土地所有制、雇傭勞動、國家、國際貿易、世界市場等主題都未能完成。[25]舉例來說，儘管《資本論》第一卷對雇傭勞動有許多討論，但馬克思卻說「工資本身又採取各種各樣的形式，這種情況從那些過分注重材料而忽視一切形式區別的經濟學教程中是瞭解不到的。但是，闡述所有這些形式是屬於專門研究雇傭勞動的學說的範圍，因而不是本書的任務」（Marx, 2017a: 535）（見Lebowitz, 2003: 27-50）。再者，如第三章所討論，《資本論》第三卷最有系統地引入**競爭**因素的一卷，但即使在第三卷的後段，他還如此提醒讀者：

　　在敘述生產關係的物化和生產關係對生產當事人的獨立化時，我們沒有談到，這些聯繫由於世界市場，世界市場行情，市場價格的變動，信用的期限，工商業的週期，繁榮和危機的交替，會以怎樣的方式對生產當事人表現為壓倒的、不可抗拒地統治他們的自然規律，並且在他們面前作為盲目的必然性發生作用。我們沒有談到這些問題，是因為**競爭的實際運動在我們的計畫範圍之外**，我們只需要把資本主義生產方式的內部組織，在它的可說是理想的平均形式中敘述出來。（Marx, 2017c: 839，重點為筆者所加）

25 Dussel（2001: 211，轉引自Callinicos, 2014: 57）甚至認為《資本論》只占他整個研究計畫的七十二分之一。

如Bensaïd（2009: 131）所言，我們可以推論，馬克思很可能準備在接下來的研究中（若借用六冊的架構，可能是論述國家、國際貿易、世界市場的幾卷）繼續引進新的規定，以更加逼近「競爭的實際運動」（另見Moseley, 2014）。[26]總之，如何填補馬克思留下的空缺，是今天讀者的共同任務。這裡也許值得引述恩格斯：「馬克思的整個世界觀不是教義，而是方法。它提供的不是現成的教條，而是進一步研究的出發點和供這種研究使用的方法」（Engels, 2009c: 691）。

（3）開闊的史觀與生態關懷

馬克思晚年的筆記雖然與土地所有制問題（也就是與寫作

26「馬克思是否放棄了六冊計畫」是爭論已久的問題，如Vollgraf（2016）近來便宣稱，所謂「六冊」計畫，只是馬克思為了找到德國出版商而在信件中採用的策略，而馬克思並沒有真的根據這個計畫來寫作。本書沒有空間仔細分析這個問題，只能在第三章及本章提供一些零散的意見。我的基本看法是：馬克思在1861-67年寫作《資本論》的過程中，確實沒有嚴格遵照六冊計畫的次序進行，而是把部分應該等到後面才「出場」的內容整合進了《資本論》三卷各處。比如說，第一卷的〈工業資本家的誕生〉等節在討論資本原始積累、殖民、國債、稅收、關稅的時候，已略為處理了「國家」、「國際貿易」、「世界市場」的問題。例如馬克思說：

> 原始積累的不同因素，多少是按時間順序特別分配在西班牙、葡萄牙、荷蘭、法國和英國。在英國，這些因素在17世紀末系統地綜合為殖民制度、國債制度、現代稅收制度和保護關稅制度。這些方法一部分是以最殘酷的暴力為基礎，例如殖民制度就是這樣。但所有這些方法都利用國家權力（Staatsmacht），也就是利用集中的、有組織的社會暴力，來大力促進從封建生產方式向資本主義生產方式的轉化過程，縮短過渡時間。（Marx, 2017a: 719-20）

此外，第三卷第六篇〈超額利潤轉化為地租〉也部分觸及了「六冊計畫」中的土地所有制問題。但這不表示馬克思「放棄」了六冊計畫的整體架構（Mandel, 1991: 146-7）。比較準確的說法或許是他逐步擴充了「資本一般」的內容，但也未能完整處理六冊計畫之中後五冊的課題。

《資本論》直接相關的問題）密切相關，但當然不限於此。比如說，《歷史學筆記》的內容就異常豐富，大致可分為四個主軸：（1）封建制度的瓦解過程；（2）資本主義發展時期的現代民族國家的起源；（3）資產階級為確立統治而進行的鬥爭；（4）與這個時期的歐洲有關聯的亞非國家史（于沛，2015: 8-9）。[27]

　　1857-58年《大綱》的〈導言〉有幾點關於歷史研究的提示，恰恰可以與《歷史學筆記》對照閱讀。其中，馬克思強調了**戰爭**因素，認為雇傭勞動和機器往往「在戰爭和軍隊等等中比在資產階級社會內部發展得早」，也強調「第二級的和第三級的」、「派生的、轉移來的、非原生的生產關係」，包括「國際關係」在其中發揮的作用（Marx, 1998b: 50-1）。有意思的是，「戰爭」、「國家」、「國際關係」正是《歷史學筆記》中最核心的主題。[28]

---

27 《歷史學筆記》收錄於MEGA²第四部分第二十九卷，並將分兩冊出版。現有的中譯本是根據蘇聯的《馬克思恩格斯文庫》發表的俄譯本轉譯的（Marx, 2005）。讀者若想瞭解《歷史學筆記》的詳細內容，除了直接閱讀中譯本外，亦可參考李百玲（2014a: 71-83）、Krätke（2018: 15-27）。

28 這當然不是馬克思首次進行這方面的研究。早在克羅茨納赫（Kreuznach）時期（1843年7-8月），馬克思就閱讀、摘錄了大量國家史、政治史、革命史著作，因此有論者認為《克羅茨納赫筆記》的核心關懷是「現代國家的性質」（Leopold, 2007: 32）。馬克思最早的政治經濟學寫作計畫，是希望出版兩卷《政治學與國民經濟學批判》（*Kritik der Politik und Nationalökonomie*，一般譯為「政治和政治經濟學批判」），並於1845年2月1日在巴黎與德國出版商列斯凱（Karl Leske）簽約，但未能完成。為了準備這方面的寫作，他的計畫包含「現代國家起源的歷史或者法國革命」、「人權的宣布和國家的憲法。個人自由和公共權力」、「國家和市民社會」、「代議制國家和憲章」等主題（Marx, 1979: 238；比較Rubel, 2009: 242）。1850年代初期的《倫敦筆記》也有許多國家史、社會經濟史方面的摘錄，如第XV、XVII本筆記本中的John Dalrymple的《英國封建所有制通史》（*An Essay Towards a General History of Feudal Property in Great Britain*，1759）、Henry Hallam的《中世紀歐洲國家的考察》（*View of the state of Europe during the Middle Ages*，1846）、K. D. Hüllmann的《中世紀城市》（*Städtewesen des*

以戰爭為例，包括第一冊的十字軍東征、第二冊的蒙古西征、薔薇戰爭、第三冊的百年戰爭、各國的內戰宗教戰爭、第四冊的三十年戰爭等等，都在馬克思的摘錄範圍（李百玲，2014a: 102-3）。如Krätke（2018）所指出，馬克思在研究過程中逐步認識到：國內與國際戰爭、現代國家與國際體系的興起、現代資本主義的發展是環環相扣的。[29]

第五章曾提過，晚年的馬克思傾向從「單線」的歷史演化模型轉變為「多線」的發展觀。的確，透過廣博的歷史研究，馬克思一方面為撰寫《資本論》二、三卷蒐集了更充分的經驗素材，另一方面也認識到，「沒有單一的歷史資本主義，也沒有單一的資本主義發展路徑，而是有許多種。……不管是資本主義的發

Mittelalters，1826-29）和《德國等級起源史》（*Geschichte des Ursprungs der Stände in Deutschland*，1830）、F. W. Newman的《古代和現代社會比較研究四論》（*Four Lectures on the Contrasts of Ancient and Modern History*，1847） 等 等（cf. Rubel, 2009: 279，中譯有大幅修改；這部分的筆記收錄在尚未出版的MEGA²第四部分第十卷；馬克思摘錄K. D. Hüllmann著作的部分可參考Schellhardt, 2014）；從第XIV本筆記本開始，一直到第XXIII本筆記本，則有大量關於殖民（史）問題的摘錄（見張鐘樸，2014b；Pradella, 2015: 109-12）。可以說《歷史學筆記》的摘錄主題是馬克思長期的關懷。

29《歷史學筆記》雖然以摘錄為主，較少馬克思自己的論述，但仍多少可以從中推敲出歷史唯物論該如何看待國家與戰爭。美國馬克思主義史家Robert Brenner（1985, 1986，另見Callinicos, 2007: 第四章）以「政治積累」（political accumulation）來解釋前資本主義社會的軍事衝突和現代歐洲國家體系的興起，就是很重要的嘗試。Brenner強調，前資本主義的生產關係是直接生產者能夠取得生產工具，因此，剝削階級必須使用經濟以外的強制手段；這使得剝削階級難以透過**投資生產工具**來達成「現代的經濟增長」（也就是以**節約勞動的投資**為基礎的生產力發展）。領主如果要增加收入，就不得不從自己的農民或從剝削階級的其他成員那裡**重新分配**財富與收入。因此，他們必須利用自己的資源來發展**強制手段**，也就是投資軍隊及政治–軍事機構，持續改善作戰方法。據此，前資本主義之下的「政治積累」和「國家創建」（state-building）的動力，可與資本主義之下**資本積累**的動力相比擬。

展，還是與其相互聯繫、並受其制約的現代國家的發展，都不是
單線的過程，也不會都導致同樣的結果」（Krätke, 2018: 33）。也
因此，一旦放棄以西歐資本主義為主要參照點，就更難判斷究
竟何謂資本主義的「理想的平均形式」（*idealer Durchschnitt*）了
（Marx, 2017c: 839）。[30]

　　最後，如前文所提及，馬克思後期一條重要的思考軸線是人
與自然的物質變換。這已遠遠超出「單純」的政治經濟學研究範
圍。他思考的不再只是「經濟危機」的問題，更將「生態危機」
納入了視野。1878年，馬克思甚至在他的古生物學筆記中寫道：
「物種的滅絕仍然在發生（人自己就是最積極的滅絕者）」（轉引
自Saito, 2017a: 300n）。[31]前文簡單討論過的弗臘斯是開啟馬克
思生態視野的關鍵人物之一。在前文引用過的信件（1868年3月
25日致恩格斯）中，馬克思說他讀了弗臘斯的《各個時代的氣候
和植物界，二者的歷史》（*Klima und Pflanzenwelt in der Zeit. Ein
Beitrag zur Geschichte beider*，1847），說這本「十分有趣」的書
證實了「氣候和植物在有史時代是有變化的」，因此他將弗臘斯
稱為「達爾文以前的達爾文主義者」（Marx, 1974d: 53）。換言

---

30 「理想的平均形式」一詞是馬克思從地質學借來的隱喻。地質學家就是用「理想的
　平均形式」來劃分地層並建立地層的層序（Krätke, 2014/2015: 136）。馬克思另一
　個重要概念「社會形態」（*Gesellschaftsformation*）也是借用了地質學中「地質構
　造」（geological formation）的概念（Pradella, 2015: 106-7；Kaan, 2018: 6-7）。

31 原文請參考MEGA²第四部分第二十六卷《地質學、礦物學與農業化學的摘錄與
　筆記：1878年3-9月》（*Exzerpte und Notizen zur Geologie, Mineralogie und Agrikultur-
　chemie. März bis September 1878*），頁233。馬克思這個部分的筆記是摘錄英國
　地質學家Joseph Beete Jukes的著作《地質學自學手冊》（*The Student's Manual of
　Geology*，第三版，1872年）。關於這一卷的編輯過程及內容概要，可參考Vesper
　（2015）。

之，弗臘斯的研究讓馬克思初步認識了**氣候變遷**的問題（對弗臘斯這本書的深入討論可參考Saito, 2017a: 239-52）。其中，馬克思特別關注**砍伐森林**的嚴重性：「耕作的最初影響是有益的，但是，由於砍伐樹木等等，最後會使土地荒蕪」（*Ibid.*）。[32]馬克思在筆記中特別摘錄了弗臘斯的這段話：

> 法國今天的森林地域不超過以前的十二分之一；英格蘭的六十九片林地當中，只有四片大面積森林；義大利和東南歐山區的樹木量，甚至比以前平原上的樹木還少。（轉引自Saito, 2017a: 248）[33]

的確，《資本論》第二卷就有這樣的警語：「文明和產業的整個發展，對森林的破壞從來就起很大的作用，對比之下，它所起的相反的作用，即對森林的護養和生產所起的作用則微乎其微」（Marx, 2017b: 232）。我們今天都瞭解，森林砍伐是導致氣候變遷的重要因素。透過研究自然科學的文獻，馬克思成為了十九世紀最早認識到這個問題並試圖將之納入理論視野的社會科學家。[34]

---

32 據估計，森林的流失和改變土地的使用方式，占了人類排放二氧化碳量的23%（引自〈樹木、森林和氣候變遷有什麼關聯性？火山噴發如何影響氣候呢？〉，https://e-info.org.tw/node/67204）。在砍伐森林的問題上，另一份啟發馬克思的研究是穆尼哀（M. L. Mounier）的《論法國農業》（*De L'Agriculture en France*，1846）。馬克思在摘錄穆尼哀的研究時，特別重視阿爾卑斯山、庇里牛斯山的森林濫伐和畜牧業如何導致沙漠化、改變了氣候（Saito, 2018: 205-6）。

33 過去的生態馬克思主義文獻很少留意到弗臘斯與馬克思的聯繫（少見的例外是Dickens, 2000），齋藤幸平的研究填補了這方面的空白。

34 恩格斯也是透過馬克思的介紹，才閱讀、摘錄了弗臘斯的《各個時代的氣候和

對晚期的馬克思而言，經濟危機仍然是資本主義內部矛盾不斷爆發的後果，但生態危機無法化約為經濟危機，更不能化約為單純的「利潤率趨向下降」、「生產過剩」、「比例失調」等問題。如Foster and Burkett（2016: 6-7）所言：

> 馬克思的整體批判的一項特徵，就是認為生態危機是資本主義導致的，但又不能簡單化約為資本積累與危機的內在邏輯。資本主義不僅剝削工人，更掠奪地球。馬克思隱約採取了一種「社會成本」的架構：資本主義體系的效應被外部化，由社會與自然來承擔；後果則是生態危機可能不斷累積，但始終不在「經濟成長核算」（economic growth accounting）的範圍內，也因此無法被社會看見。

如前文所引述，要避免生態危機，就必須思考如何「靠消耗最小的力量，在最無愧於和最適合於……人類本性的條件下來進行這種物質變換」。這是馬克思留給人類的重要思想遺產。在生態危機迫在眉睫的二十一世紀，若能以馬克思的著作、手稿與筆記為基礎，完整評估其學說中的生態意涵，或許不僅有助於釐清

植物界》，並在《自然辯證法》中討論了動物及人類的活動影響植物界、導致氣候變遷的問題。見Engels（2014: 768-9, 864）。恩格斯對弗臘斯著作的摘錄見MEGA² 第四部分第三十一卷。馬克思的自然科學筆記陸續出版後，已推翻了過去常見的刻板印象，亦即只有恩格斯對自然科學有濃厚興趣並做了深入的研究，而馬克思則對自然科學「缺乏關注」（Thomas, 2008: 11）。Liedman（2018: 467-507）的馬克思傳記詳細討論了馬克思後期的自然科學研究，並特別強調肖萊馬（Carl Schorlemmer，恩的摯友，德國傑出的有機化學家，也是積極參與國際工人運動的共產主義者）對馬克思的影響（另見Angus, 2017）。

晚近關於「人類世」（Anthropocene）與「資本世」（Capitalocene）的重大爭論，也有助於開拓另類的社會轉型模式與政治實踐方向。

尾聲：待完成的《資本論》

這趟知識旅程來到尾聲了。

在馬克思的年代，學科的邊界還不如今天僵固，古典社會科學家幾乎都有身兼數種專業的本領。「科際整合」是今天的理想，卻是那個時代的現實。除了廣取博采、自成一家言，馬克思經典的價值還在於其穿透力。《資本論》不容易讀，但一旦讀得深入、讀出興味，不同知識背景的讀者都能深刻感受到：馬克思不僅在對他那個時代發言，也正在對**我們這個時代**訴說。

Harvey（2018: 21）很精準地描述了馬克思這位「躁動不安的思想開創者」：「他不僅是一流的思想家、理論家和學者，還是社會活動家和政治論戰的參與者」。然而，即使馬克思留下無數寶貴的思想與行動的遺產，終究未能完成他的 *magnum opus*：《資本論》。閱讀本書後，希望讀者也能同意：雖然《資本論》是未完成的作品，但依然具有經典的地位，經得起多重視角的精讀與詮釋。此外，馬克思晚年並沒有放棄《資本論》的寫作，而是試圖在更開闊的視野下完成它。

然而，在某種程度上，所有經典都是**未完成**的。任何一部經典，都要扎根進當代的現實土壤，經過此時此地的重新閱讀、批

評、繼承、開展後，才算獲得了生命。在這個意義上，一切經典
都等待著讀者參與它的**重生**。

德國歷史學者Wolfgang Wippermann的近作《復活行者：
馬克思的四段生命》(*Der Wiedergänger. Die vier Leben des Karl
Marx*，2008)（轉引自Hoff, 2009: 24）曾區分出馬克思的「四段
生命」。我希望借用他的說法來為本書收尾。

第一段生命，是馬克思生前整體的政治與知識活動；第二段
生命，是馬克思死後由第二國際、第三國際塑造的形象；第三段
生命，是由各種非官方的、批判性的馬克思主義者試圖復甦的形
象；第四段生命，則是近來全球對馬克思思想的重視所開啟的契
機。

2017年，台灣出版了《資本論》的繁體中文版；為了表示紀
念，我不揣淺陋，將自己對《資本論》的閱讀心得與讀者分享。
不論您是否同意本書的觀點或論證，我已經在試著參與、延續、
開展馬克思的第四段生命了。接下來，就是讀者的事了。

參考文獻

丁聲振，2013，〈馬克思的危機理論：作為一種世界市場危機理論〉，《馬克思主義與現實》，2期，頁36-47。

于沛，2015，〈馬克思的《歷史學筆記》：文本、前沿和現代意義〉，《世界歷史評論》，3期，頁2-23。

大谷禎之介（Otani, Teinosuke）. 2016a. "Acceptance Speech for World Marxian Economics Award (III)," *World Review of Political Economy*, 7(4): 527-31.

大谷禎之介，2016b，〈2016世界馬克思經濟學獎獲得者感言之三〉，《海派經濟學》，14卷4期，頁168-71。

大谷禎之介（Otani, Teinosuke）. 2018. *A Guide to Marxian Political Economy: What Kind of a Social System is Capitalism?* New York: Springer.

久桓啟一，2007，《圖解《資本論》》，劉名揚譯，台北：漫遊者文化。

田弘，2011，《新版《政治經濟學批判大綱》的研究》，王青、

李萍、李海春譯，北京：北京師範大學出版社。

王瑾編，2011，《第一國際總委員會文獻（1868-1869）》，北京：中央編譯出版社。

王曉紅、黃竹，2012，〈晚年馬克思《歷史學筆記》新探：《資本論》的深化和拓展〉，《馬克思主義與現實》，5期，頁144-51。

玉岡敦、陳長安，2013，〈馬克思〈危機筆記（1857-1858）〉：MEGA IV/14的編輯〉，收於聶錦芳編，《《資本論》及其手稿再研究: 文獻、思想與當代性》，北京：經濟科學出版社，頁57-69。

平子有長，2013，〈馬克思的毛勒研究：對MEGA IV/18卷馬克思的「毛勒摘錄」的考察〉，《哲學動態》，12期，頁29-37。

平子有長（Tairako, Tomonaga）. 2016. "A Turning Point in Marx's Theory on Pre-Capitalist Societies Marx's Excerpt Notebooks on Maurer in MEGA IV/18," *Hitotsubashi Journal of Social Studies*, 47(1): 1-10.

何青，2007，《現代辯證法：《資本論》新說》，台北：台灣《資本論》研究會。

李百玲，2014a，《馬克思《歷史學筆記》研究讀本》，北京：中央編譯出版社。

李百玲，2014b，〈馬克思的歷史研究與《歷史學筆記》〉，《河北學刊》，34卷6期，頁56-60。

李亞偉，2018，〈利潤率趨向下降規律新一輪爭論的數理與經驗考察〉，《海派經濟學》，1期，頁130-52。

李銳，2014，〈《資本論》創作史上的「歷史路標」論析：關於《1861-1863年經濟學手稿》的若干理論問題解析〉，《重慶理工大學學報：社會科學》，28卷11期，頁96-102。

李建平、黃茂興、黃瑾（編），2017，《對《資本論》若干理論問題爭論的看法》（上、下），福州：福建人民出版社。

李慕（編），2015，《馬克思主義研究資料》，第三十三卷，北京：中央編譯出版社。

余斌，2014，《《資本論》正義》，南寧：廣西人民出版社。

見田石介，1992，《《資本論》的方法》，沈佩林譯，濟南：山東人民出版社。

孟捷，2018，《利潤率的政治經濟學》，北京：社會科學文獻出版社。

岩佐茂，2016，〈以馬克思主義的視角重塑日本未來社會〉，《國外理論動態》，4期，頁56-65。

岡崎榮松，1993，〈政治經濟學的方法（1）：以上升法為中心〉，收於佐藤金三郎等編，《《資本論》百題論爭（一）》，濟南：山東人民出版社，頁16-28。

武錫申（編），2014，《馬克思主義研究資料》，第三卷，北京：中央編譯出版社。

周思成，2010，〈歐美學者近期關於當前危機與利潤率下降趨勢規律問題的爭論〉，《國外理論動態》，10期，頁29-38。

周豔輝（編），2014，《馬克思主義研究資料》，第四卷，北京：中央編譯出版社。

岡本博之等編，1993，《馬克思《資本論》研究》，劉焱等譯，濟南：山東人民出版社。

姚欣進，2004，《馬克思主義政治經濟學與世界資本主義》，台北：巨流。

姚開建，2010，《馬克思主義經濟學說史》，北京：中國人民大學出版社。

洪鎌德，2014，《個人與社會：馬克思人性論與社群觀的析評》，台北：五南。

洪鎌德，2015，《馬克思》，修訂二版，台北：東大。

柄谷行人，2015，《帝國的結構》，林暉鈞譯，台北：心靈工坊。

姜相求，2014，《嗨，馬克思！再見啦，資本主義！》，金泰成、金暢譯，台北：暖暖書屋。

徐洋，2011，〈關於馬克思著作中名詞「資本主義」使用的考證〉，《國外理論動態》，2期，頁8-15。

徐洋，2014，〈試論《馬克思恩格斯全集》歷史考證版（MEGA[2]）第二部分的主要內容和學術價值〉，收於鄭錦編，《馬克思主義研究資料》，第八卷，北京：中央編譯出版社，頁31-67。

徐洋，2016，〈馬克思《資本論》第二冊手稿創作史研究及思考〉，《馬克思主義理論學科研究》，3期，頁84-101。

徐洋，2017，〈從創作史看《資本論》的現實意義：訪中央編譯局張鐘樸研究員〉，《馬克思主義理論學科研究》，1期，頁4-17。

徐洋，2018，〈《資本論》及其手稿編入《馬克思恩格斯全集》中文版的情況分析〉，《馬克思主義理論學科研究》，3期，頁63-75。

徐洋、林芳芳，2017，〈《資本論》在中國的翻譯、傳播和接受（1899-2017）〉，《馬克思主義與現實》，2期，頁9-21。

孫中興，2010，《馬克思「異化勞動」的異話》，台北：群學。

袁輝，2018，《《資本論》導讀》，北京：中共中央黨校出版社。

張一兵，2014，《回到馬克思：經濟學語境中的哲學話語》，第三版，南京：江蘇人民出版社。

張鐘樸，2012，〈《資本論》創作史系列講座之一：從《克羅茨納赫筆記》到《倫敦筆記》〉，《馬克思主義與現實》，5期，頁135-43。

張鐘樸，2013，〈《資本論》第一部手稿（《1857-1858年經濟學手稿》）：《資本論》創作史研究之二〉，《馬克思主義與現實》，5期，頁55-63。

張鐘樸，2014a，〈《資本論》第二部手稿（《1861-1863年經濟學手稿》）：《資本論》創作史研究之三〉，《馬克思主義與現

實》，1期，頁140-47。

張鐘樸，2014b，〈馬克思在《倫敦筆記》中對殖民地問題的研究〉，收於周豔輝編，《馬克思主義研究資料》，第四卷，北京：中央編譯出版社，頁291-345。

張鐘樸，2015a，〈《1863-1865年經濟學手稿》：《資本論》創作史研究之四〉，《馬克思主義與現實》，1期，頁47-56。

張鐘樸，2015b，〈《資本論》第一卷德文版：《資本論》創作史研究之五〉，《馬克思主義與現實》，6期，頁45-53。

張鐘樸，2016，〈《資本論》第一卷法文版及其他版本：《資本論》創作史研究之六〉，《馬克思主義與現實》，3期，頁55-63。

張鐘樸，2017，〈馬克思晚年留下的《資本論》第二冊手稿和恩格斯編輯《資本論》第二卷的工作：《資本論》創作史研究之七〉，《馬克思主義與現實》，3期，頁140-47。

張鐘樸，2018，〈馬克思晚年留下的《資本論》第3冊手稿和恩格斯編輯《資本論》第3卷的工作：《資本論》創作史研究之八〉，《馬克思主義與現實》，3期，頁98-106。

陳力丹、陳輝，2016，〈馬克思參與編輯的《寄語人民》週刊〉，《新聞界》，21期，頁66-8。

陳長安，2013a，《マルクス恐慌拔粹"1857 France"の成立》，日本東北大學經濟學研究科博士論文。

陳長安，2013b，〈馬克思《危機筆記（1857-1858）》的編輯、

研究現狀及意義〉,《馬克思主義哲學論叢》,總第8輯,頁
51-72。

陳思賢,2000,〈《神曲》與經世:詩人但丁與公民但丁〉,《政
治科學論叢》,12期,頁1-32。

陳紀鸞、鄭鵬程、黃漢江,1995,〈從《資本論》到《人類學筆
記》:馬克思晚年思想探源〉,《實事求是》,123期,頁17-
21。

陳娜、陳明富,2016,〈《資本論》歷史與邏輯相統一的方法論
及當代重要價值〉,《中國社會科學院研究生院學報》,213
期,頁5-11。

陳黎、張芬齡,1994,《神聖的詠嘆:但丁導讀》,台北:書林。

許祖華,2014,《翻譯梁實秋》,台北:秀威資訊科技。

湯潤千,1983,〈倫敦德意志工人共產主義教育協會和第一國
際〉,《當代世界與社會主義》,3期,頁33-50。

馮文光,2014,〈法文版《資本論》的獨立科學價值〉,收於鄭
錦編,《馬克思主義研究資料》,第八卷,北京:中央編譯
出版社,頁332-64。

黃國彬,2003,〈譯本前言〉,收於Alighieri Dante,《神曲:地
獄篇》,黃國彬譯注,台北:九歌,頁17-71。

萬毓澤,2006,〈義大利自主主義運動與政治馬克思主義:對
《帝國》的脈絡化解讀與批判〉,《政治與社會哲學評論》,
18期,頁93-149。

萬毓澤，2012，〈回應李鈞鵬〈作為社會科學哲學的社會機制〉〉，《社會理論學報》，15卷1期，頁43-65。

萬毓澤，2014，〈《二十一世紀資本論》不是二十一世紀的《資本論》〉，《二十一世紀資本論【電子評論版】》，台北：衛城出版。

萬毓澤，2015，〈推薦序：交換模式與生產模式之辨〉，收於柄谷行人，《帝國的結構》，林暉鈞譯，台北：心靈工坊，頁5-20。

萬毓澤，2017，〈《資本論》的版本、系譜、爭議與當代價值：紀念《資本論》第一卷出版一百五十週年〉，收於Karl Marx，《資本論》，第一卷，中共中央馬克思恩格斯列寧斯大林著作編譯局譯，台北：聯經，頁ix-lxxiv。

萬毓澤，2018a，《你不知道的馬克思》，台北：木馬文化。

萬毓澤，2018b，〈對照記：「自我管理」視角下的馬克思與卡斯托里亞迪斯〉，《二十一世紀》，167期，頁67-86。

黃瑞祺，2012，《邁向後實證主義和後經驗主義：社會科學方法論集》，新北市：碩亞數碼科技。

黃曉武編，2014，《馬克思主義研究資料》，第五卷，北京：中央編譯出版社。

劉仁勝編，2015，《馬克思主義研究資料》，第二十九卷，北京：中央編譯出版社。

劉明遠，2014，〈從「六冊結構」計畫看馬克思經濟學的研究對

象〉,《政治經濟學評論》,5卷1期,頁139-57。

劉英編,2014,《馬克思主義研究資料》,第六卷,北京:中央
　　編譯出版社。

鄭錦編,2014,《馬克思主義研究資料》,第七卷,北京:中央
　　編譯出版社。

魯克儉,2006,〈馬克思晚年為什麼要寫作《歷史學筆記》〉,
　　《理論前沿》,2期,頁16-17。

魯克儉,2016,《走向文本研究的深處:基於MEGA²的馬克思文
　　獻學清理研究》,北京:中國社會科學出版社。

魯保林,2016,《一般利潤率下降規律:理論、實證與應用》,
　　北京:中國社會科學出版社。

薛宇峰,2015,〈利潤率變化方向是「不確定」的嗎?——基於
　　經濟思想史的批判與反批判〉,《馬克思主義研究》,7期,
　　頁74-84。

謝富勝、汪家騰,2014,〈馬克思放棄利潤率趨於下降理論了
　　嗎 ——MEGA² II 出版後引發的新爭論〉,《當代經濟研
　　究》,8期,頁21-8。

蕭高彥,2013,《西方共和主義思想史論》,台北:聯經。

聶錦芳、彭宏偉,2013,《馬克思《資本論》研究讀本》,北京:
　　中央編譯出版社。

顧海良、張雷聲,2006,《20世紀國外馬克思主義經濟思想史》,
　　北京:經濟科學出版社。

Allais, Maurice. 1997. "An Outline of My Main Contributions to Economic Science," *The American Economic Review*, 87(6): 3-12.

Anderson, Kevin B. 1983. "The 'Unknown' Marx's *Capital*, Volume I: The French Edition of 1872-1875, 100 Years Later," *Review of Radical Political Economics*, 15(4): 71-80.

Anderson, Kevin B. 1992. "Rubel's Marxology: A Critique," *Capital & Class*, 16(2): 67-91.

Anderson, Kevin B. 2010. *Marx at the Margins: On Nationalism, Ethnicity, and Non-Western Societies*. Chicago: University of Chicago Press.

Anderson, Kevin B.，2014，〈關於《資本論》第一卷歷史考證版與法文版的比較研究及評價〉，收於鄭錦編，《馬克思主義研究資料》，第八卷，北京：中央編譯出版社，頁391-8。

Anderson, Perry. 1983. *In the Tracks of Historical Materialism*. London: Verso.

Angus, Ian. 2017. "Marx and Engels and the 'Red Chemist': The Forgotten Legacy of Carl Schorlemmer," *Monthly Review*, 68 (10): 36-45.

Armstrong, Phillip, Andrew Glyn, and John Harrison. 1991. *Capitalism since 1945*. Oxford: Basil Blackwell.

Aron, Raymond. 1967. *Les Étapes de la pensée sociologique*. Paris:

Gallimard.

Aron, Raymond. 2002. *Le Marxisme de Marx*. Paris: Editions de Fallois.

Arthur, Christopher. 2004. *The New Dialectic and Marx's Capital*. Leiden: Brill.

Arthur, Christopher and Geert Reuten (eds.) 1998. *The Circulation of Capital: Essays on Volume II of Marx's Capital*. New York: Palgrave Macmillan.

Barker, Colin, 1978. "A Note on the Theory of Capitalist States," *Capital and Class*, 4: 118-29.

Baski, Pradip. 2001. "MEGA IV/31: Natural-Science Notes of Marx and Engels, 1877–1883," *Nature, Society, and Thought*, 14(4): 377-90.

Basso, Luca. 2012. *Marx and Singularity: From the Early Writings to the* Grundrisse. Leiden: Brill.

Bell, John R. 2003. "From Hegel to Marx to the Dialectic of Capital," in Robert Albritton and John Simoulidis (eds) *New Dialectics and Political Economy*. New York: Palgrave Macmillan, pp. 101-19.

Bellofiore, Riccardo (ed.) 1998. *Marxian Economics: A Reappraisal*. 2 vols. Houndmills: Macmillan Press.

Bellofiore, Riccardo. 1999. "Quanto vale il valore lavoro? La discussione italiana intorno a Marx: 1968-1976," *Rivista di politica economica*, 89(4/5): 33-76.

Bellofiore, Riccardo and Nicola Taylor (eds) 2004. *The Constitution of Capital: Essays on Volume I of Marx's Capital*. New York: Palgrave Macmillan.

Bellofiore, Riccardo and Roberto Fineschi (eds) 2009. *Re-reading Marx: New Perspectives after the Critical Edition*. New York: Palgrave Macmillan.

Bellofiore, Riccardo and Roberto Fineschi編，《重讀馬克思：歷史考證版之後的新視野》，徐素華譯，北京：東方出版社。

Bellofiore, Riccardo and Roberto Fineschi，2010，〈導論〉，收於 Riccardo Bellofiore and Roberto Fineschi編，《重讀馬克思：歷史考證版之後的新視野》，徐素華譯，北京：東方出版社，頁1-23。

Bellofiore, Riccardo, Guido Starosta, and Peter D. Thomas (eds) 2013. *In Marx's Laboratory: Critical Interpretations of the Grundrisse*. Leiden: Brill.

Bensaïd, Daniel. 2009a. *Marx, mode d'emploi*. Paris: Zones.

Bensaïd, Daniel. 2009b. "Préface," in Karl Marx. *Les Crises du capitalisme*. Paris: Demopolis, pp. 3-72.

Best, Beverley. 2010. *Marx and the Dynamic of the Capital Formation: An Aesthetics of Political Economy*. New York: Palgrave Macmillan.

Bidet, Jacque. 1985. *Que faire du 'Capital'? Materiaux pour une refondation*. Paris: Méridiens-Klincksieck.

Bidet, Jacques. 2004. *Explication et reconstruction du Capital*. Paris: Presses Universitaires de France.

Bidet, Jacques. 2007. *Exploring Marx's Capital: Philosophical, Economic and Political Dimensions*. Leiden: Brill.

Bihr, Alain. 2010. *La logique méconnue du 'Capital'*. Lausanne: Éditions Page 2.

Blackledge, Paul. 2012. *Marxism and Ethics: Freedom, Desire, and Revolution*. Albany, N.Y.: State University of New York Press.

Bober, Stanley. 2008. *Marx and the Meaning of Capitalism: Introduction and Analyses*. New York: Palgrave Macmillan.

Boddy, Raford and James Crotty. 1975. "Class Conflict and Macro-Policy: The Political Business Cycle," *Review of Radical Political Economics*, 7(1): 1-19.

Boffo, Marco. 2012. "Historical Immaterialism: From Immaterial Labour to Cognitive Capitalism," *International Journal of Management Concepts and Philosophy*, 6(4): 256-79.

Booth, Adam and Rob Sewell. 2018. *Understanding Marx's Capital: A Reader's Guide*. London: Wellred Books.

Breen, Keith. 2015. "Freedom, Republicanism, and Workplace Democracy," *Critical Review of International Social and*

Political Philosophy, 18(4): 470-85.

Brenner, Robert. 1985. "The Agrarian Roots of European Capitalism," in T. H. Aston and C. H. E. Philpin (eds.) *The Brenner Debate: Agrarian Class Structure and Economic Development in Pre-industrial Europe.* Cambridge: Cambridge University Press, pp. 213-327.

Brenner, Robert. 1986. "The Social Basis of Economic Development," in John Roemer (ed.) *Analytical Marxism.* Cambridge: Cambridge University Press, pp. 23-53.

Bunge, Mario. 2003. *Emergence and Convergence: Qualitative Novelty and the Unity of Knowledge.* Toronto: University of Toronto Press.

Bunge, Mario. 2006. *Chasing Reality: Strife over Realism.* Toronto: University of Toronto Press.

Burkett, Paul and John Bellamy Foster. 2006. "Metabolism, Energy, and Entropy in Marx's Critique of Political Economy: Beyond the Podolinsky Myth," Theory and Society, 35(1): 109-56.

Callinicos, Alex. 1982. *Is There a Future for Marxism?* London: Macmillan.

Callinicos, Alex. 2003. "Egalitarianism and Anticapitalism: A Reply to Harry Brighouse and Erik Olin Wright," *Historical Materialism*, 11(2): 199-215.

Callinicos, Alex. 2005. "Against the New Dialectic," *Historical Materialism*, 13(2): 41-59.

Callinicos, Alex，2007，《創造歷史：社會理論中的行動、結構與變遷》，萬毓澤譯，台北：群學。

Callinicos, Alex. 2014. *Deciphering Capital: Marx's Capital and Its Destiny*. London: Bookmarks.

Callinicos, Alex，2015，〈馬克思是否把資本看作一種主體？〉，許振旭譯，《當代國外馬克思主義評論》

Callinicos, Alex，2018，《論平等》，宋治德譯，台北：唐山。

Campbell, Martha and Geert Reuten (eds.) 2002. *The Culmination of Capital: Essays on Volume III of Marx's Capital*. New York: Palgrave Macmillan.

Carchedi, Guglielmo. 1991. *Frontiers of Political Economy*. London: Verso.

Carchedi, Guglielmo. 2009. "The Fallacies of 'New Dialectics' and Value-Form Theory," *Historical Materialism*, 17(1): 145-69.

Carchedi, Guglielmo. 2011. *Behind the Crisis: Marx's Dialectics of Value and Knowledge*. Leiden: Brill.

Cartwright, Nancy. 1989. *Nature's Capacities and Their Measurement*. New York: Oxford University Press.

Carver, Terrell. 2008. "Marx's Conception of Alienation in the

Grundrisse," in Marcello Musto (ed.) *Karl Marx's Grundrisse: Foundations of the Critique of Political Economy 150 Years Later*. London: Routledge, pp. 48-66.

Carver, Terrell. 2018. *Marx*. Cambridge, U.K.: Polity.

Chattopadhyay, Paresh. 2016. *Marx's Associated Mode of Production: A Critique of Marxism*. New York: Palgrave Macmillan.

Chibber, Vivek. 2013. *Postcolonial Theory and the Specter of Capital*. London: Verso.

Chikin V. V.，2011，《馬克思的自白》，蔡興文等譯，北京：中央編譯出版社。

Choonara, Joseph. 2017. *A Reader's Guide to Marx's* Capital. London: Bookmarks.

Chrysis, Alexandros. 2018. *"True Democracy" as a Prelude to Communism: The Marx of Democracy*. New York: Palgrave Macmillan.

Claeys, Gregory. 2018. *Marx and Marxism*. New York: Pelican Books.

Cleaver, Harry. 1979. *Reading Capital Politically*. Brighton, Sussex: Harvester Press.

Cole, G. D. H. 1954. *Socialist Thought, Marxism and Anarchism 1850-1890*. London: Macmillan.

Cullenberg, Stephen. 1994. *The Falling Rate of Profit: Recasting the*

Marxian Debate. London: Pluto Press.

Danermark, Berth, Mats Ekström, Liselotte Jakobsen, and Jan Ch. Karlsson. 2002. *Explaining Society: Critical Realism in the Social Sciences*. London: Routledge.

Dante, Alighieri，2003，《神曲：地獄篇》，黃國彬譯注，台北：九歌。

Dellheim, Judith and Frieder Otto Wolf. 2018. "The Challenge of the Incompleteness of the Third Volume of *Capital* for Theoretical and Political Work Today," in Judith Dellheim and Frieder Otto Wolf (eds) The Unfinished System of Karl Marx. New York: Palgrave Macmillan, pp. 1-30.

Dickens, Peter. 2000. "Marx and the Metabolism between Humanity and Nature," *Alethia*, 3(2): 40-45.

Dognin, Paul-Dominique. 1977. *Les 'sentiers escarpés' de Karl Marx. Le chapitre I du 'Capital' traduit et commenté dans trois rédactions successives*. Paris: Les Éditions du Cerf.

Drapeau, Thierry. 2017. "'Look at our Colonial Struggles': Ernest Jones and the Anti-Colonialist Challenge to Marx's Conception of History," *Critical Sociology*. Online First Version. DOI: 10.1177/0896920517739094.

Draper, Hal. 1977. *Karl Marx's Theory of Revolution. Vol. I*. New York: Monthly Review Press.

Duménil, Gérard. 1978. *Le Concept de loi économique dans 'Le Capital'*. Paris: F. Maspero.

Duménil, Gérard. 2013. "Marx's *Capital*: Capital and Capitalism," unpublished manuscript, available at http://www.cepremap.fr/membres/dlevy/dge2013c.htm.

Duménil, Gérard and Dominique Lévy. 2003. *Économie marxiste du capitalisme*. Paris: Découverte.

Duménil, Gérard and Dominique Lévy. 2011. *The Crisis of Neoliberalism*. Cambridge, Mass.: Harvard University Press.

Dunn, Bill. 2009. *Global Political Economy: A Marxist Critique*. London: Pluto Press.

Dunn, Bill. 2014. *The Political Economy of Global Capitalism and Crisis*. London: Routledge.

Dussel, Enrique. 1990. *El último Marx (1863-1882) y la liberación latinoamericana*. Mexico: Siglo XXI.

Dussel, Enrique. 2001. *Towards an Unknown Marx: A Commentary on the Manuscripts of 1861-63*. London: Routledge.

Elbe, Ingo. 2010. *Marx im Westen. Die neue Marx-Lektüre in der Bundesrepublik seit 1965*. Revised edition. Berlin: Akademie Verlag.

Engels, Friedrich，1964，〈支持波蘭〉，收於《馬克思恩格斯全集》，第一版，第十八卷，中共中央馬克思恩格斯列寧斯大

林著作編譯局譯，北京：人民出版社，頁628-31。

Engels, Friedrich，1972，〈恩格斯致馬克思〉（1857年12月17日），收於《馬克思恩格斯全集》，第一版，第二十九卷，中共中央馬克思恩格斯列寧斯大林著作編譯局譯，北京：人民出版社，頁223-5。

Engels, Friedrich，1973，〈恩格斯致馬克思〉（1852年3月18日），收於《馬克思恩格斯全集》，第一版，第二十八卷，中共中央馬克思恩格斯列寧斯大林著作編譯局譯，北京：人民出版社，頁36-40。

Engels, Friedrich，2009a，〈在馬克思墓前的講話〉，收於《馬克思恩格斯文集》，第三卷，中共中央馬克思恩格斯列寧斯大林著作編譯局譯，北京：人民出版社，頁601-3。

Engels, Friedrich，2009b，〈恩格斯致約翰‧菲力浦‧貝克爾〉（1883年5月22日），收於《馬克思恩格斯文集》，第十卷，中共中央馬克思恩格斯列寧斯大林著作編譯局譯，北京：人民出版社，頁508-9。

Engels, Friedrich，2009c，〈恩格斯致韋爾納‧桑巴特〉（1895年3月11日），收於《馬克思恩格斯文集》，第十卷，中共中央馬克思恩格斯列寧斯大林著作編譯局譯，北京：人民出版社，頁689-692。

Engels, Friedrich，2014，《自然辯證法》，收於《馬克思恩格斯全集》，第二版，第二十六卷，中共中央馬克思恩格斯列寧斯大林著作編譯局譯，北京：人民出版社，頁457-774。

Engels, Friedrich，2016，〈1891年單行本導言〉，收於Karl Marx，《法蘭西內戰》，中共中央馬克思恩格斯列寧斯大林著作編譯局譯，北京：人民出版社，頁3-16。

Fausto, Ruy. 1986. *Marx. Logique et politique*. Paris: Publisud.

Favilli, Paolo. 2016. *The History of Italian Marxism: From its Origins to the Great War*. Leiden: Brill.

Ferrante, Joan M. 1984. *The Political Vision of the Divine Comedy*. Princeton, N.J.: Princeton University Press.

Fine, Ben. 1975. *Marx's Capital*. London: Macmillan.

Fine, Ben and Alfredo Saad-Filho. 2016. *Marx's* Capital. London: Pluto.

Fineschi, Roberto (ed.) 2005. *Karl Marx. Rivisitazione e prospettive*. Milano: Mimesis.

Fineschi, Roberto. 2008. *Un nuovo Marx. Filologia e interpretazioen dopo la nuova edizione storico-critica (MEGA2)*. Roma: Carocci.

Fineschi, Roberto. 2013. "The Four Levels of Abstraction of Marx's Concept of 'Capital'. Or, Can We Consider the *Grundrisse* the Most Advanced Version of Marx's Theory of Capital?", in Riccardo Bellofiore, Guido Starosta, and Peter D. Thomas (eds) *In Marx's Laboratory: Critical Interpretations of the Grundrisse*. Leiden: Brill, pp. 71-98.

Fineschi, Roberto. 2014. "On Hegel's Methodological Legacy in

Marx," in Fred Moseley and Tony Smith (eds) *Marx's Capital and Hegel's Logic: A Reexamination*. Leiden: Brill, pp. 140-63.

Fischbach, Franck. 2009. *Marx. Relire Le Capital*. Paris: Presses universitaires de France.

Fischer, Norman Arthur. 2015. *Marxist Ethics within Western Political Theory: A Dialogue with Republicanism, Communitarianism, and Liberalism*. New York: Palgrave Macmillan.

Foley, Duncan K. 1986. *Understanding Capital: Marx's Economic Theory*. Cambridge, Mass.: Harvard University Press.

Fornäs, Johan. 2013. *Capitalism: A Companion to Marx's Economy Critique*. New York: Routledge.

Foster, John Bellamy. 1999. "Marx's Theory of Metabolic Rift: Classical Foundations for Environmental Sociology," *American Journal of Sociology*, 105(2): 366-405.

Foster, John Bellamy and Fred Magdoff. 2009. *The Great Financial Crisis: Causes and Consequences*. New York: Monthly Review Press.

Foster, John Bellamy and Paul Burkett. 2016. *Marx and the Earth: An Anti-Critique*. Boston: Brill.

Freeman, Alan and Guglielmo Carchedi (eds) 1996. *Marx and Non-equilibrium Economics*. Cheltenhaum, UK: Edward Elgar.

Freeman, Alan, Andrew Kliman and Julian Wells (eds) 2004. *The

New Value Controversy and the Foundations of Economics. Cheltenham, UK: Edward Elgar.

Fuchs, Christian. 2014. *Digital Labour and Karl Marx.* New York: Routledge.

Fuchs, Christian. 2015. *Reading Marx in the Information Age: A Media and Communication Studies Perspective on Capital Volume 1.* London: Routledge.

Fuchs, Christian. 2017. "Marx's Capital in the Information Age," *Capital & Class,* 41(1): 51-67.

Fuchs, Christian and Vincent Mosco (eds) 2016. *Marx in the Age of Digital Capitalism.* Leiden: Brill.

Glyn, Andrew and Bob Sutclifle. 1972. British Capitalism, Workers, and the Profits Squeeze. Harmondsworth: Penguin.

Glyn, Andrew, Alan Hughes, Alain Lipietz and Ajit Singh. 1990. "The Rise and Fall of the Golden Age," in Stephen Marglin and Juliet Schor (eds.) *The Golden Age of Capitalism: Reinterpreting the Postwar Experience,* Oxford: Clarendon Press, pp. 39-73.

Grassi, Enrico. 1979. *L'esposizione dialettica nel 'Capitale' di Marx.* Rome: Basilicate.

Hansen, Fay R. 1984. *The Breakdown of Capitalism: A History of the Idea in Western Marxism.* London: Routledge & Kegan Paul.

Harman, Chris. 2009. *Zombie Capitalism: Global Crisis and the*

Relevance of Marx. London: Bookmarks.

Harré, Rom and Edward. H. Madden. 1975. *Causal Powers: A Theory of Natural Necessity*. Oxford: Blackwell.

Harvey, David. 1982. *The Limits to Capital*. Oxford: B. Blackwell.

Harvey, David. 2010. *A Companion to Marx's Capital. Volume 1*. New York: Verso.

Harvey, David. 2013. *A Companion to Marx's Capital. Volume 2*. New York: Verso.

Harvey, David，2015，〈我寫過的最危險的一本書〉，董琳璐譯，available at https://groundbreaking.tw/wordpress/archives/825.

Harvey, David，2016，《資本社會的十七個矛盾》，許瑞宋譯，台北：聯經。

Harvey, David，2018，《資本思維的瘋狂矛盾：大衛哈維新解馬克思與《資本論》》，毛翊宇譯，台北：聯經。

Haug, Wolfgang Fritz. 2013. *Das Kapital lesen – aber wie? Materialien*. Hamburg: Argument.

Hecker, Rolf，2010，〈《資本論》第二卷手稿的公開出版打開了人們的新視野〉，收於Riccardo Bellofiore and Roberto Fineschi編，《重讀馬克思：歷史考證版之後的新視野》，徐素華譯，北京：東方出版社，頁24-36。

Hecker, Rolf，2014，〈摘錄筆記：MEGA的組成部分還是補遺內容？〉，《馬克思主義與現實》，1期，頁163-66。

Heinrich, Michael. 1991. *Die Marxsche Kritik der politischen Ökonomie zwischen wissenschaftlicher Revolution und klassischer Tradition.* Hamburg: VSA-Verl.

Heinrich, Michael. 2004. *Kritik der politischen Ökonomie. Eine Einführung.* Stuttgart: Schmetterling Verlag.

Heinrich, Michael. 2008. *Wie das Marxsche Kapital lesen?* Vol. 1. Revised Edition. Stuttgart: Schmetterling Verlag.

Heinrich, Michael，2010，〈重建還是解構？關於價值和資本的方法論爭論，以及來自考證版的新見解〉，收於Riccardo Bellofiore and Roberto Fineschi編，《重讀馬克思：歷史考證版之後的新視野》，徐素華譯，北京：東方出版社，頁92-130。

Heinrich, Michael. 2012. *An Introduction to the Three Volumes of Karl Marx's Capital.* New York: Monthly Review Press.

Heinrich, Michael. 2013a. *Wie das Marxsche Kapital lesen?* Vol. 2. Stuttgart: Schmetterling Verlag.

Heinrich, Michael. 2013b. "Crisis Theory, the Law of the Tendency of the Profit Rate to Fall, and Marx's Studies in the 1870s," *Monthly Review,* 64(11): 15-31.

Heinrich, Michael. 2014. "Von den 'kanonischen' Texten zu Marx' ungeschriebenem *Kapital*," in Rahel Jaeggi and Daniel Loick (eds) *Karl Marx – Perspektiven der Gesellschaftskritik.* Berlin: De Gruyter, pp. 123-44.

Heinrich, Michael. 2016. "The *Capital* after the MEGA: Discontinuities, Interruptions and New Beginnings," *Crisis and Critique*, 3(3): 93-138.

Henderson, George. 2013. *Value in Marx: The Persistence of Value in a More-Than-Capitalist World*. Minneapolis: University of Minnesota Press.

Hirsh, Arthur. 1982. *The French Left*. Montréal: Black Rose Books.

Hodgson, Geoffrey M., Makoto Itoh, and Nobuharu Yokokawa (eds) 2001. *Capitalism in Evolution: Global Contentions—East and West*. Northampton, MA: Edward Elgar.

Hoff, Jan. 2009. *Marx global. Zur Entwicklung des internationalen Marx-Diskurses seit 1965*. Berlin: Akademie Verlag.

Holloway, John and Sol Picciotto (eds) 1978. *State and Capital: A Marxist Debate*. London: Edward Arnold.

Holmes, Rachel，2017，《她這樣的一生：愛琳娜・馬克思傳》，陳慧平、劉曙輝譯，桂林：廣西師範大學出版社。

Howard, Michael C. and John Edward King，2003，《馬克思主義經濟學史：1929-1990》，顧海良等譯，北京：中央編譯出版社。

Howard, Michael C. and John Edward King，2014，《馬克思主義經濟學史：1883-1929》，顧海良等譯，北京：中央編譯出版社。

Hudis, Peter. 2012. *Marx's Concept of the Alternative to Capitalism*. Leiden: Brill.

Ilyenkov, Evald，1993，《馬克思《資本論》中抽象和具體的辯證法》，孫開煥、鮑世明譯，濟南：山東人民出版社。

Inwood, Michael. 1992. *A Hegel Dictionary*. Oxford: Blackwell.

Isaac, Jeffrey C. 1990. "The Lion's Skin of Politics: Marx on Republicanism," *Polity*, 22(3): 461-88.

Jameson, Frederic. 2011. *Representing Capital: A Reading of Volume One*. New York: Verso.

Jones, Ernest. 1979a. "A Letter to the Advocates of the Co-operative Principle and to the Members of Co-operative Societies," in *Marx and Engels Collected Works*, vol. 11. London: Lawrence & Wishart, pp. 573-81.

Jones, Ernest. 1979b. "Co-operation. What It Is, and What It Ought To Be," in *Marx and Engels Collected Works*, vol. 11. London: Lawrence & Wishart, pp. 582-89.

Jung, Hermann，2003，〈給皮埃爾·韋濟尼埃的公開信〉，收於《馬克思恩格斯全集》，第二版，第二十一卷，中共中央馬克思恩格斯列寧斯大林著作編譯局譯，北京：人民出版社，頁508-18。

Kaan, Kangal，2018，〈卡爾·馬克思的自然科學札記：1990-2016德國MEGA² 研究綜述〉，《現代哲學》，3期，頁5-14。

Kincaid, Jim. 2008. "The New Dialectic," in Jacques Bidet and Stathis Kouvelakis (eds) *Critical Companion to Contemporary Marxism*. Leiden: Brill, pp. 385-412.

Kliman, Andrew. 2007. *Reclaiming Marx's Capital: A Refutation of the Myth of Inconsistency*. Lanham, MD: Lexington Books.

Kliman, Andrew. 2012. *The Failure of Capitalist Production: Underlying Causes of the Great Recession*. London: Pluto Press.

Kilman, Andrew and Ted McGlone. 1999. "A Temporal Single-System Interpretation of Marx's Value Theory," *Review of Political Economy*, 11(1): 33-59.

Kotz, David M. 2015. *The Rise and Fall of Neoliberal Capitalism*. Cambridge, Mass.: Harvard University Press.

Krader, Lawrence. 1976. *Ethnologie und Anthropologie bei Karl Marx*. Frankfurt: Verlag Ullstein.

Krätke, Michael R. 2005. "Le dernier Marx et le *Capital*," *Actuel Marx*, 37: 145-60.

Krätke, Michael R.，2010，〈馬克思的《危機筆記》（1857-1858年）〉，收於 Marcello Musto 編，《馬克思的《大綱》：《政治經濟學批判大綱》150年》，閻月梅等譯，北京：中國人民大學出版社，頁210-17。

Krätke, Michael R. 2011. "Capitalism and World History: Marx's Historical Studies," unpublished manuscript, available at https://

goo.gl/L6HU8q.

Krätke, Michael R. 2014/2015. "Marx und die Weltgeschichte," *Beiträge zur Marx-Engels-Forschung.* Neue Folge, pp. 133-42.

Krätke, Michael R. 2018. "Marx and World History," *International Review of Social History*, 63(1): 91-125.

Kurki, Milja. 2008. *Causation in International Relations: Reclaiming Causal Analysis.* New York: Cambridge University Press.

Lapavitsa, Costas. 2013. *Profiting Without Producing: How Finance Exploits Us All.* London: Verso.

Lapides, Kenneth. 1998. *Marx's Wage Theory in Historical Perspective: Its Origins, Development, and Interpretation.* Westport, Conn.: Praeger.

Larmore, Charles. 2001. "A Critique of Philip Pettit's Republicanism," *Philosophical Issues*, 11: 229-43.

Lebowitz, Michael. 2003. *Beyond Capital: Marx's Political Economy of the Working Class.* 2nd ed. New York: Palgrave Macmillan.

Lebowitz, Michael. 2009. *Following Marx: Method, Critique and Crisis.* Leiden: Brill.

Lenin, Vladimir，1988，〈論民族自決權〉，收於《列寧全集》，第二版，第二十五卷，中共中央馬克思恩格斯列寧斯大林著作編譯局譯，北京：人民出版社，頁223-85。

Leopold, David. 2007. *The Young Karl Marx: German Philosophy, Modern Politics, and Human Flourishing*. Cambridge: Cambridge University Press.

Levine, Norman，2011，〈阿爾都塞對《大綱》的曲解〉，李暘譯，《馬克思主義與現實》，1期，頁21-4。

Lewis, William S. 2005. *Louis Althusser and the Traditions of French Marxism*. Lanham, MD: Lexington Books.

Liedman, Sven-Eric. 2018. *A World to Win: The Life and Works of Karl Marx*. London: Verso.

Lietz, Barbara，2014，〈價值理論在〈《資本論》第一版的補充和修改（1871年12月-1872年1月）〉中的發展〉，收於鄭錦編，《馬克思主義研究資料》，第八卷，北京：中央編譯出版社，頁167-76。

Lindner, Kolja. 2010. "Marx's Eurocentrism: Postcolonial Studies and Marx Scholarship," *Radical Philosophy*, 161: 27-41.

Little, Daniel. 1986. *The Scientific Marx*. Minneapolis: University of Minnesota Press.

Löwy, Michael，2006，〈不平衡與綜合發展理論〉，萬毓澤譯，《紅鼴鼠》，第6期，頁44-49。

Luna, Joe. 2015. "Money, *die Ware*, and Marx's Shakespeare," *Textual Practice*, 29(5): 927-47.

Mandel, Ernest. 1971. *The Formation of the Economic Thought of*

Karl Marx: 1843 to Capital. London: NLB.

Mandel, Ernest. 1980. *The Second Slump: A Marxist Analysis of Recession in the Seventies*. London: Verso.

Mandel, Ernest，1991，《《資本論》新英譯本導言》，仇啟華、杜章智譯，北京：中共中央黨校出版社。

Marcuse, Herbert. 2005. *Heideggerian Marxism*. Lincoln: University of Nebraska Press.

Marx, Jenny，1974，〈燕妮‧馬克思（女兒）致路德維希‧庫格曼〉（1869年10月30日），收於《馬克思恩格斯全集》，第一版，第三十二卷，中共中央馬克思恩格斯列寧斯大林著作編譯局譯，北京：人民出版社，頁687-90。

Marx, Karl，1961a，〈不列顛在印度的統治〉，收於《馬克思恩格斯全集》，第一版，第九卷，中共中央馬克思恩格斯列寧斯大林著作編譯局譯，北京：人民出版社，頁143-50。

Marx, Karl，1961b，〈不列顛在印度統治的未來結果〉，收於《馬克思恩格斯全集》，第一版，第九卷，中共中央馬克思恩格斯列寧斯大林著作編譯局譯，北京：人民出版社，頁246-52。

Marx, Karl，1962，〈在《人民報》創刊紀念會上的演說〉，收於《馬克思恩格斯全集》，第一版，第十二卷，中共中央馬克思恩格斯列寧斯大林著作編譯局譯，北京：人民出版社，頁3-5。

Marx, Karl，1964a，〈總委員會提交布魯塞爾代表大會的關於在資本主義制度下使用機器的後果的決議草案〉，收於《馬克思恩格斯全集》，第一版，第十六卷，中共中央馬克思恩格斯列寧斯大林著作編譯局譯，北京：人民出版社，頁357。

Marx, Karl，1964b，〈總委員會關於不列顛政府對被囚禁的愛爾蘭人的政策的決議草案〉，收於《馬克思恩格斯全集》，第一版，第十六卷，中共中央馬克思恩格斯列寧斯大林著作編譯局譯，北京：人民出版社，頁433-4。

Marx, Karl，1964c，〈機密通知〉，收於《馬克思恩格斯全集》，第一版，第十六卷，中共中央馬克思恩格斯列寧斯大林著作編譯局譯，北京：人民出版社，頁465-79。

Marx, Karl，1964d，〈關於愛爾蘭問題的未作的發言的提綱〉，收於《馬克思恩格斯全集》，第一版，第十六卷，中共中央馬克思恩格斯列寧斯大林著作編譯局譯，北京：人民出版社，頁499-505。

Marx, Karl，1964e，〈卡・馬克思關於在資本主義制度下使用機器的後果的發言記錄〉，收於《馬克思恩格斯全集》，第一版，第十六卷，中共中央馬克思恩格斯列寧斯大林著作編譯局譯，北京：人民出版社，頁640-42。

Marx, Karl，1964f，〈卡・馬克思關於縮短工作日的發言記錄〉，收於《馬克思恩格斯全集》，第一版，第十六卷，中共中央馬克思恩格斯列寧斯大林著作編譯局譯，北京：人民出版社，頁643。

Marx, Karl，1971a，〈馬克思致尼古拉・弗蘭策維奇・丹尼爾遜〉（1881年12月13日），收於《馬克思恩格斯全集》，第一版，第三十五卷，中共中央馬克思恩格斯列寧斯大林著作編譯局譯，北京：人民出版社，頁237-8。

Marx, Karl，1971b，〈馬克思致弗里德里希・阿道夫・左爾格〉（1881年12月15日），收於《馬克思恩格斯全集》，第一版，第三十五卷，中共中央馬克思恩格斯列寧斯大林著作編譯局譯，北京：人民出版社，頁238-41。

Marx, Karl，1972a，〈馬克思致恩格斯〉（1857年11月24日），收於《馬克思恩格斯全集》，第一版，第二十九卷，中共中央馬克思恩格斯列寧斯大林著作編譯局譯，北京：人民出版社，頁208-11。

Marx, Karl，1972b，〈馬克思致恩格斯〉（1858年1月14日），收於《馬克思恩格斯全集》，第一版，第二十九卷，中共中央馬克思恩格斯列寧斯大林著作編譯局譯，北京：人民出版社，頁249-51。

Marx, Karl，1972c，〈馬克思致恩格斯〉（1858年4月2日），收於《馬克思恩格斯全集》，第一版，第二十九卷，中共中央馬克思恩格斯列寧斯大林著作編譯局譯，北京：人民出版社，頁298-306。

Marx, Karl，1972d，〈馬克思致斐迪南・拉薩爾〉（1858年2月22日），收於《馬克思恩格斯全集》，第一版，第二十九卷，中共中央馬克思恩格斯列寧斯大林著作編譯局譯，北京：人

民出版社，頁529-32。

Marx, Karl，1972e，〈馬克思致斐迪南・拉薩爾〉（1858年3月11日），收於《馬克思恩格斯全集》，第一版，第二十九卷，中共中央馬克思恩格斯列寧斯大林著作編譯局譯，北京：人民出版社，頁533-5。

Marx, Karl，1972f，〈馬克思致約瑟夫・魏德邁〉（1859年2月1日），收於《馬克思恩格斯全集》，第一版，第二十九卷，中共中央馬克思恩格斯列寧斯大林著作編譯局譯，北京：人民出版社，頁550-54。

Marx, Karl，1972g，〈馬克思致恩格斯〉（1865年6月24日），收於《馬克思恩格斯全集》，第一版，第三十一卷，中共中央馬克思恩格斯列寧斯大林著作編譯局譯，北京：人民出版社，頁126-9。

Marx, Karl，1972h，〈馬克思致恩格斯〉（1867年11月30日），收於《馬克思恩格斯全集》，第一版，第三十一卷，中共中央馬克思恩格斯列寧斯大林著作編譯局譯，北京：人民出版社，頁403-6。

Marx, Karl，1972i，〈馬克思致海爾曼・榮克〉（1865年11月20日），收於《馬克思恩格斯全集》，第一版，第三十一卷，中共中央馬克思恩格斯列寧斯大林著作編譯局譯，北京：人民出版社，頁488-9。

Marx, Karl，1973，〈馬克思致尼古拉・弗蘭策維奇・丹尼爾遜〉（1872年12月12日），收於《馬克思恩格斯全集》，第一

版，第三十三卷，中共中央馬克思恩格斯列寧斯大林著作編譯局譯，北京：人民出版社，頁547-9。

Marx, Karl，1974a，〈馬克思致路德維希・庫格曼〉，收於收於《馬克思恩格斯全集》，第一版，第三十卷，中共中央馬克思恩格斯列寧斯大林著作編譯局譯，北京：人民出版社，頁636-8。

Marx, Karl，1974b，〈馬克思致恩格斯〉（1868年1月3日），收於《馬克思恩格斯全集》，第一版，第三十二卷，中共中央馬克思恩格斯列寧斯大林著作編譯局譯，北京：人民出版社，頁5-6。

Marx, Karl，1974c，〈馬克思致恩格斯〉（1868年3月14日），收於《馬克思恩格斯全集》，第一版，第三十二卷，中共中央馬克思恩格斯列寧斯大林著作編譯局譯，北京：人民出版社，頁42-5。

Marx, Karl，1974d，〈馬克思致恩格斯〉（1868年3月25日），收於《馬克思恩格斯全集》，第一版，第三十二卷，中共中央馬克思恩格斯列寧斯大林著作編譯局譯，北京：人民出版社，頁51-4。

Marx, Karl，1974e，〈馬克思致恩格斯〉（1868年4月30日），收於《馬克思恩格斯全集》，第一版，第三十二卷，中共中央馬克思恩格斯列寧斯大林著作編譯局譯，北京：人民出版社，頁70-76。

Marx, Karl，1974f，〈馬克思致齊格弗里特・邁耶爾和奧古斯

特‧福格特〉（1870年4月9日），收於《馬克思恩格斯全集》，第一版，第三十二卷，中共中央馬克思恩格斯列寧斯大林著作編譯局譯，北京：人民出版社，頁651-8。

Marx, Karl，1979，〈關於現代國家的著作的計畫草稿〉，收於《馬克思恩格斯全集》，第一版，第四十二卷，中共中央馬克思恩格斯列寧斯大林著作編譯局譯，北京：人民出版社，頁651-8。

Marx, Karl. 1989. *Economic Manuscripts of 1861-63*, in *Marx and Engels Collected Works*, vol. 32. London: Lawrence & Wishart.

Marx, Karl. 1990. *Capital: A Critical Analysis of Capitalist Production, London 1887*, in *Marx-Engels-Gesamtausgabe*, Part II, Vol. 9. Berlin: Dietz Verlag.

Marx, Karl. 1992. "Marx to Nikolai Danielson," in *Marx and Engels Collected Works*, vol. 46. London: Lawrence & Wishart, pp. 160-61.

Marx, Karl，1995a，〈奧格斯堡報的論戰術〉，收於《馬克思恩格斯全集》，第二版，第一卷，中共中央馬克思恩格斯列寧斯大林著作編譯局譯，北京：人民出版社，頁323-28。

Marx, Karl，1995b，〈憲章派〉，收於《馬克思恩格斯全集》，第二版，第十一卷，中共中央馬克思恩格斯列寧斯大林著作編譯局譯，北京：人民出版社，頁422-31。

Marx, Karl，1995c，〈選舉。──財政困難。──薩瑟蘭公爵夫

人和奴隸制〉，收於《馬克思恩格斯全集》，第二版，第十一卷，中共中央馬克思恩格斯列寧斯大林著作編譯局譯，北京：人民出版社，頁607-15。

Marx, Karl，1998a，〈對塞瓦斯托波爾的攻擊。——在蘇格蘭對領地的清掃〉，收於《馬克思恩格斯全集》，第二版，第十三卷，中共中央馬克思恩格斯列寧斯大林著作編譯局譯，北京：人民出版社，頁285-90。

Marx, Karl，1998b，〈政治經濟學批判〈1857-1858年手稿前半部分〉〉，收於《馬克思恩格斯全集》，第二版，第三十卷，中共中央馬克思恩格斯列寧斯大林著作編譯局譯，北京：人民出版社，頁59-623。

Marx, Karl，1998c，〈政治經濟學批判〈1857-1858年手稿後半部分〉，收於《馬克思恩格斯全集》，第二版，第三十一卷，中共中央馬克思恩格斯列寧斯大林著作編譯局譯，北京：人民出版社，頁5-403。

Marx, Karl，1998d，《政治經濟學批判。第一分冊》，收於《馬克思恩格斯全集》，第二版，第三十一卷，中共中央馬克思恩格斯列寧斯大林著作編譯局譯，北京：人民出版社，頁411-582。

Marx, Karl，1998e，〈資本章計畫草稿〉，收於《馬克思恩格斯全集》，第二版，第三十一卷，中共中央馬克思恩格斯列寧斯大林著作編譯局譯，北京：人民出版社，頁583-93。

Marx, Karl，2001a，〈哥達綱領批判〉，收於《馬克思恩格斯全

集》,第二版,第二十五卷,中共中央馬克思恩格斯列寧斯大林著作編譯局譯,北京:人民出版社,頁3-33。

Marx, Karl,2001b,〈關於《哲學的貧困》〉,收於《馬克思恩格斯全集》,第二版,第二十五卷,中共中央馬克思恩格斯列寧斯大林著作編譯局譯,北京:人民出版社,頁425-6。

Marx, Karl,2003a,〈國際工人協會成立宣言〉,收於《馬克思恩格斯全集》,第二版,第二十一卷,中共中央馬克思恩格斯列寧斯大林著作編譯局譯,北京:人民出版社,頁5-15。

Marx, Karl,2003b,〈給臨時中央委員會代表的關於若干問題的指示〉,收於《馬克思恩格斯全集》,第二版,第二十一卷,中共中央馬克思恩格斯列寧斯大林著作編譯局譯,北京:人民出版社,頁265-77。

Marx, Karl,2005,《歷史學筆記》,中央編譯局馬列著作編譯部譯,北京:中國人民大學出版社。

Marx, Karl,2008a,《1861-1863年經濟學手稿》,收於《馬克思恩格斯全集》,第二版,第三十四卷,中共中央馬克思恩格斯列寧斯大林著作編譯局譯,北京:人民出版社。

Marx, Karl,2008b,《1861-1863年經濟學手稿》,收於《馬克思恩格斯全集》,第二版,第三十五卷,中共中央馬克思恩格斯列寧斯大林著作編譯局譯,北京:人民出版社。

Marx, Karl,2009a,〈《政治經濟學批判》序言〉,收於《馬克思恩格斯文集》,第二卷,中共中央馬克思恩格斯列寧斯大林

著作編譯局譯，北京：人民出版社，頁588-594。

Marx, Karl，2009b，〈工資、價格和利潤〉，收於《馬克思恩格斯文集》，第三卷，中共中央馬克思恩格斯列寧斯大林著作編譯局譯，北京：人民出版社，頁25-78。

Marx, Karl，2009c，〈給維・伊・查蘇利奇的覆信〉，收於《馬克思恩格斯文集》，第三卷，中共中央馬克思恩格斯列寧斯大林著作編譯局譯，北京：人民出版社，頁570-90。

Marx, Karl，2009d，〈《政治經濟學批判》導言〉，收於《馬克思恩格斯文集》，第八卷，中共中央馬克思恩格斯列寧斯大林著作編譯局譯，北京：人民出版社，頁5-36。

Marx, Karl，2009e，〈馬克思致恩格斯〉，收於《馬克思恩格斯文集》，第十卷，中共中央馬克思恩格斯列寧斯大林著作編譯局譯，北京：人民出版社，頁230-31。

Marx, Karl，2009f，〈馬克思致路德維希・庫格曼〉，收於《馬克思恩格斯文集》，第十卷，中共中央馬克思恩格斯列寧斯大林著作編譯局譯，北京：人民出版社，頁337-9。

Marx, Karl，2009g，〈馬克思致尼古拉・弗蘭策維奇・丹尼爾遜〉，收於《馬克思恩格斯文集》，第十卷，中共中央馬克思恩格斯列寧斯大林著作編譯局譯，北京：人民出版社，頁430-36。

Marx, Karl，2009h，〈馬克思致斐迪南・多梅拉・紐文胡斯〉，收於《馬克思恩格斯文集》，第十卷，中共中央馬克思恩格

斯列寧斯大林著作編譯局譯，北京：人民出版社，頁449。

Marx, Karl. 2009i. *Les Crises du capitalisme*. Paris: Demopolis.

Marx, Karl，2014，《1844年經濟學哲學手稿》，中共中央馬克思恩格斯列寧斯大林著作編譯局譯，北京：人民出版社。

Marx, Karl，2016a，《資本論》，第一卷（德文第一版），收於《馬克思恩格斯全集》，第二版，第四十二卷，中共中央馬克思恩格斯列寧斯大林著作編譯局譯，北京：人民出版社。

Marx, Karl，2016b，《資本論》，第一卷法文版，收於《馬克思恩格斯全集》，第二版，第四十三卷，中共中央馬克思恩格斯列寧斯大林著作編譯局譯，北京：人民出版社。

Marx, Karl，2016c，〈詹姆斯‧穆勒《政治經濟學原理》一書的摘要〉，收於《1844年經濟學哲學手稿》，李中文譯，新北市：暖暖書屋文化，頁227-276。

Marx, Karl，2016c，《法蘭西內戰》，中共中央馬克思恩格斯列寧斯大林著作編譯局譯，北京：人民出版社。

Marx, Karl，2017a，《資本論》，第一卷，中共中央馬克思恩格斯列寧斯大林著作編譯局譯，台北：聯經。

Marx, Karl，2017b，《資本論》，第二卷，中共中央馬克思恩格斯列寧斯大林著作編譯局譯，台北：聯經。

Marx, Karl，2017c，《資本論》，第三卷，中共中央馬克思恩格斯列寧斯大林著作編譯局譯，台北：聯經。

Marx, Karl and Friedrich Engels，1998，〈時評。1850年5-10月〉，
收於《馬克思恩格斯全集》，第二版，第十卷，中共中央馬
克思恩格斯列寧斯大林著作編譯局譯，北京：人民出版社，
頁575-621。

Marx, Karl and Friedrich Engels，2009，《德意志意識形態》（節
選），收於《馬克思恩格斯文集》，第一卷，中共中央馬克
思恩格斯列寧斯大林著作編譯局譯，北京：人民出版社，頁
507-91。

Marx, Karl and Friedrich Engels，2014，《共產黨宣言》，中共中
央馬克思恩格斯列寧斯大林著作編譯局譯，台北：五南。

Mason, Paul. 2015. *PostCapitalism: A Guide to Our Future*. London:
Allen Lane.

Mazzone, Alessandro (ed.) 2002. *MEGA2. Marx ritrovato grazie alla
nuova edizione critica*. Roma: Mediaprint.

McBride, Cillian. 2015. "Freedom as Non-domination: Radicalisation
or Retreat?", *Critical Review of International Social and Political
Philosophy*, 18(4): 349-74.

McCarthy, George E. 2017. *Marx and Social Justice: Ethics and
Natural Law in the Critique of Political Economy*. Leiden: Brill.

McQuade, Brendan. 2015. "Cognitive Capitalism and Contemporary
Politics: A World Historical Perspective," *Science & Society*,
79(3): 363-87.

Moseley, Fred. 2002. "Hostile Brothers: Marx's Theory of the Distribution of Surplus-value in Volume 3 of Capital," in Martha Campbell and Geert Reuten (eds) *The Culmination of Capital: Essays on Volume Three of Marx's* Capital. New York: Palgrave Macmillan, pp. 65-101.

Moseley, Fred. 2003. "Marx's Economic Theory and Contemporary Capitalism," paper presented at the international conference "La obra de Carlos Marx y los desafíos del siglo XXI," Havana, Cuba.

Moseley, Fred. 2014. "The Universal and the Particulars in Hegel's *Logic* and Marx's *Capital*," in Fred Moseley and Tony Smith (eds) *Marx's Capital and Hegel's Logic: A Reexamination.* Leiden: Brill, pp. 115-39.

Moseley, Fred (ed.) 2015. *Marx's Economic Manuscript of 1864-1865.* Translated by Ben Fowkes. Leiden: Brill.

Moseley, Fred. 2016. *Money and Totality: A Macro-Monetary Interpretation of Marx's Logic in Capital and the end of the "Transformation Problem".* Leiden: Brill.

Moseley, Fred and Tony Smith (eds) 2014. *Marx's Capital and Hegel's Logic: A Reexamination.* Leiden: Brill.

Moulier Boutang, Yann. 2011. *Cognitive Capitalism.* Malden, MA: Polity Press.

Müller, Manfred. 1978. *Auf dem Wege zum "Kapital". Zur Entwicklung des Kapitalbegriffs von Marx in den Jahren 1857-1863.* Berlin: Akademie Verlag.

Musto, Marcello. 2007. "The Rediscovery of Karl Marx," *International Review of Social History*, 52(3): 477-98.

Musto, Marcello (ed.) 2008. *Karl Marx's Grundrisse: Foundations of the Critique of Political Economy 150 Years Later.* London: Routledge.

Musto, Marcello. 2010a. "The Formation of Marx's Critique of Political Economy: From the Studies of 1843 to the *Grundrisse*," *Socialism and Democracy*, 24(2): 66-100.

Musto, Marcello. 2010b. "Revisiting Marx's Concept of Alienation," *Socialism and Democracy*, 24(3): 79-101.

Musto, Marcello編，2010c，《馬克思的《大綱》：《政治經濟學批判大綱》150年》，閻月梅等譯，北京：中國人民大學出版社。

Musto, Marcello，2015，〈MEGA²與另一個馬克思〉，收於劉仁勝編，《馬克思主義研究資料》，第二十九卷，北京：中央編譯出版社，頁509-21。

Musto, Marcello. 2018. *Another Marx: Early Manuscripts to the International.* New York: Bloomsbury Publishing.

Neuhaus, Manfred and Gerald Hubmann，2015，〈《馬克思恩格斯

全集》歷史考證版工作完成過半：回顧與展望〉，收於劉仁
勝編，《馬克思主義研究資料》，第二十九卷，北京：中央
編譯出版社，頁333-47。

Negri, Antonio. 1984. *Marx beyond Marx: Lessons on the Grundrisse.*
South Hadley, Mass.: Bergin & Garvey.

Nicolaus, Martin. 1968. "The Unknown Marx," *New Left Review*,
I/48: 41-61.

Nimtz, August H. 2000. *Marx and Engels: Their Contribution to the
Democratic Breakthrough.* Albany, NY: State University of New
York Press.

Nimtz, August H. 2002. "The Eurocentric Marx and Engels and
Other Related Myths," in Crystal Bartolovich and Neil Lazarus
(eds.) *Marxism, Modernity and Postcolonial Studies.* New York:
Cambridge University Press, pp. 65-80.

O'Connor, James. 1998. "The Second Contradiction of Capitalism,"
in *Natural Causes: Essays in Ecological Marxism.* New York:
Guilford Press, pp. 158-77.

Oittinen, Vesa and Paula Rauhala. 2014. "Evald Ilyenkov's Dialectics
of Abstract and Concrete and the Recent Value-Form Debate,"
in Alex Levant and Vesa Oittinen (eds) *Dialectics of the Ideal:
Evald Ilyenkov and Creative Soviet Marxism.* Leiden: Brill, pp.
165-82.

Ollman, Bertell. 2001. "Critical Realism in the Light of Marx's Process of Abstraction," in José López and Garry Potter (eds) *After Postmodernism: An Introduction to Critical Realism.* London: The Athlone Press, pp. 285-98.

Ollman, Bertell. 2003. *Dance of the Dialectic: Steps in Marx's Method.* Urbana, Ill.: University of Illinois Press.

Peffer, Rodney G. 1990. *Marxism, Morality, and Social Justice.* Princeton, N.J.: Princeton University Press.

Pettit, Philip. 1997. *Republicanism: A Theory of Freedom and Government.* New York: Oxford University Press.

Pettit, Philip. 2012. *On the People's Terms.* Cambridge: Cambridge University Press.

Pettit, Philip，2017，〈第三種自由觀念：無支配的自由〉，劉訓練譯，收於何懷宏編，《自由》，北京：三聯書店，頁373-412。

Piketty, Thomas，2014，《二十一世紀資本論》，詹文碩、陳以禮譯，台北：衛城出版。

Pilling, Geoffrey. 1980. *Marx's Capital: Philosophy and Political Economy.* London: Routledge & Kegan Paul.

Porpora, Douglas V. 2015. *Reconstructing Sociology: The Critical Realist Approach.* Cambridge: Cambridge University Press.

Postone, Moishe. 1993. *Time, Labor, and Social Domination:*

A Reinterpretation of Marx's Critical Theory. New York: Cambridge University Press.

Potts, Nick and Andrew Kliman (eds) 2015. *Is Marx's Theory of Profit Right?: The Simultaneist-Temporalist Debate.* Lanham, MD: Lexington Books.

Pradella, Lucia. 2013. "Imperialism and Capitalist Development in Marx's *Capital,*" *Historical Materialism,* 21(2): 117-47.

Pradella, Lucia. 2015. *Globalisation and the Critique of Political Economy: New Insights from Marx's Writings.* London: Routledge.

Pradella, Lucia. 2017a. "Marx and the Global South: Connecting History and Value Theory," *Sociology,* 51(1): 146-61.

Pradella, Lucia. 2017b. "Postcolonial Theory and the Making of the World Working Class," *Critical Sociology,* 43(4-5): 573-86.

Prawer, S. S. 2011. *Karl Marx and World Literature.* London: Verso.

Reichelt, Helmut. 2008. *Neue Marx-Lektüre. Zur Kritik sozialwissenschaftlicher Logik.* Hamburg: VSA.

Reuten, Geert. 2002. "The Rate of Profit Cycle and the Opposition between Managerial and Finance Capital," in Martha Campbell and Geert Reuten (eds) *The Culmination of Capital: Essays on Volume III of Marx's* Capital. New York: Palgrave Macmillan, pp. 174-211.

Reuten, Geert. 2004. "'Zirkel vicieux' or Trend Fall? The Course of the Profit Rate in Marx's Capital III," *History of Political Economy*, 36(1): 163-86.

Roberts, Michael. 2016. *The Long Depression: Marxism and the Global Crisis of Capitalism*. Chicago, Ill.: Haymarket Books.

Roberts, Michael. 2018. *Marx 200: A Review of Marx's Economics 200 Years after His Birth*. London: Lulu.com.

Roberts, William Clare. 2017. *Marx's Inferno: The Political Theory of Capital*. Princeton: Princeton University Press.

Rosdolsky, Roman. 1974. "Comments on the Method of Marx's *Capital* and Its Importance for Contemporary Marxist Scholarship," *New German Critique*, 3: 62-72.

Rosdolsky, Roman，1992，《馬克思《資本論》的形成》，魏塤、張彤玉、沈玉玲等譯，濟南：山東人民出版社。

Rosenthal, John. 1998. *The Myth of Dialectics: Reinterpreting the Marx-Hegel Relation*. New York: St. Martin's Press.

Roth, Regina，2010，〈MEGA中馬克思的原始手稿：關於《資本論》的另一種觀點〉，收於Riccardo Bellofiore and Roberto Fineschi編，《重讀馬克思：歷史考證版之後的新視野》，徐素華譯，北京：東方出版社，頁37-66。

Rubel, Maximilien. 1950. "Contribution à l'Histoire de la Genèse du Capital. Les Manuscrits économico-politiques de Karl Marx

(1857-58)," *Revue d'histoire économique et sociale*, 28(2): 169-85.

Rubel, Maximilien. 1975. *Marx without Myth: A Chronological Study of His Life and Work*. New York: Harper and Row.

Rubel, Maximilien，2009，《呂貝爾馬克思學文集》（上），鄭吉偉等譯，北京：北京師範大學出版社。

Saad-Filho, Alfredo. 2002. *The Value of Marx: Political Economy for Contemporary Capitalism*. London: Routledge.

Saad-Filho, Alfredo. 2012. "Transformation Problem," in Ben Fine and Alfredo Saad-Filho (eds) *The Elgar Companion to Marxist Economics*. Cheltenham, UK: Edward Elgar, pp. 341-7.

Saito, Kohei. 2016. "Marx's Ecological Notebooks," *Monthly Review*, 67(9): 25-42.

Saito, Kohei. 2017a. *Karl Marx's Ecosocialism: Capital, Nature, and the Unfinished Critique of Political Economy*. New York: Monthly Review Press.

Saito, Kohei. 2017b. "Marx in the Anthropocene: Value, Metabolic Rift, and the Non-Cartesian Dualism," *Zeitschrift für kritische Sozialtheorie und Philosophie*, 4(1-2): 276-95.

Saito, Kohei. 2018. "Profit, Elasticity and Nature," in Judith Dellheim and Frieder Otto Wolf (eds) *The Unfinished System of Karl Marx*. New York: Palgrave Macmillan, pp. 187-217.

Sayer, Andrew，2016，《社會科學的研究方法：批判實在論取徑》，許甘霖、萬毓澤、楊友仁譯，台北：巨流。

Schapper, Karl et al.，1983，〈《共產主義雜誌》試刊號發刊詞〉，收於中國人民大學科學社會主義系編，《國際共產主義運動史文獻史料選編》，第一卷，北京：中國人民大學出版社，頁119-27。

Schellhardt, Frank，2014，〈馬克思《倫敦筆記》第XVII筆記本中關於休耳曼著作的摘錄〉，收於周豔輝編，《馬克思主義研究資料》，第四卷，北京：中央編譯出版社，頁63-72。

Schrader, Fred E. 1980. *Restauration und Revolution. Die Vorarbeiten zum "Kapital" von Karl Marx in seinen Studienheften 1850-1858.* Hildesheim: Gerstenberg Verlag.

Scott, John A. 1996. *Dante's Political Purgatory.* Philadelphia, Pa.: University of Pennsylvania Press.

Sewell, William H. Jr. 2008. "The Temporalities of Capitalism," *Socio-Economic Review,* 6(3): 517-37.

Sewell, William H. Jr. 2014. "The Capitalist Epoch," *Social Science History,* 38(1-2): 1-11.

Shakespeare, William，1996，《黃金夢》，朱生豪譯，台北：世界。

Simmel, Georg，2010，〈現代文化中的金錢〉，收於《金錢、性別、現代生活風格》，顧仁明譯，上海：華東師範大學出版

社，頁1-17。

Smith, Christian A. 2017. "'Verdammt Metall': Marx's use of Shakespeare in his Critique of Exchange-value," *Critique: Journal of Socialist Theory*, 45(1-2): 101-16.

Smith, David，2017，《《資本論》修煉寶典》，饒青欣譯，桂林：廣西師範大學出版社。

Smith, Kenneth. 2012. *A Guide to Marx's Capital. Vols. I-III*. London: Anthem Press.

Smith, Murray E. G. 2010. *Global Capitalism in Crisis: Karl Marx and the Decay of the Profit System*. Black Point, N.S.: Fernwood Pub.

Smith, Tony. 1990. *The Logic of Marx's Capital*. Albany: SUNY Press.

Smith, Tony. 2014. "Hegel, Marx and the Comprehension of Capitalism," in Fred Moseley and Tony Smith (eds) *Marx's Capital and Hegel's Logic: A Reexamination*. Leiden: Brill, pp. 17-40.

Sperber, Jonathan，2014，《卡爾‧馬克思：一個19世紀的人》，鄧峰譯，北京：中信出版社。

Stedman Jones, Gareth. 2016. *Karl Marx: Greatness and Illusion*. London: Allen Lane.

Subasat, Turan (ed.) 2016. *The Great Financial Meltdown: Systemic, Conjunctural or Policy Created?* Cheltenham, UK: Edward

Elgar.

Thomas, Paul. 2008. *Marxism and Scientific Socialism: From Engels to Althusser.* New York: Routledge.

Thompson, Michael J. (ed.) 2015. *Constructing Marxist Ethics: Critique, Normativity, Praxis.* Leiden: Brill.

Tombazos, Stavros. 1994. *Le temps dans l'analyse économique. Les catégories du temps dans le Capital.* Paris: Société des saisons.

Tombazos, Stavros. 2014. *Time in Marx: The Categories of Time in Marx's Capital.* Leiden: Brill.

Tosel, André. 2008. "France," in Marcello Musto (ed.) *Karl Marx's Grundrisse: Foundations of the Critique of Political Economy 150 Years Later.* London: Routledge, pp. 223-8.

Tran, Hai Hac. 2003. *Relire Le Capital. Marx, critique de l'économie politique et objet de la critique de l'économie politique.* Lausanne: Éditions Page 2.

Trigg, Andrew. 2006. *Marxian Reproduction Schema: Money and Aggregate Demand in a Capitalist Economy.* London: Routledge.

Trotsky, Leon，1925，《英國往何處去？》，張太白翻譯，解答者、竝昊校，https://marxists.org/chinese/trotsky/1925/index.htm。

York, Richard. 2018. "Metabolic Rift," in Noel Castree, Mike Hulme and James D. Proctor (eds) *Companion to Environmental Studies.* London: Routledge, pp. 219-22.

Vesper, Karlen，2015，〈《馬克思恩格斯全集》歷史考證版在德國：從20年前瀕臨夭折到重獲重視〉，收於劉仁勝編，《馬克思主義研究資料》，第二十九卷，北京：中央編譯出版社，頁326-32。

Vollgraf, Carl-Erich. 1994. "Marx auf der Flucht vor dem *Kapital*?", in *Beiträge zur Marx-Engels-Forschung. Neue Folge 1994*. Hamburg: Argument, pp. 89-93.

Vollgraf, Carl-Erich，2015，〈《資本論》：一部到最後還在形成中的著作〉，《馬克思主義與現實》，6期，頁65-73。

Vollgraf, Carl-Erich，2016，〈「六冊計畫」再認識〉，《馬克思主義與現實》，3期，頁72-9。

Vollgraf, Carl-Erich and Jürgen Jungnickel. 2002. "'Marx in Marx's Words'? On Engels's Edition of the Main Manuscript of Book 3 of *Capital*," *International Journal of Political Economy*, 32(1): 35-78.

von Mises, Ludwig. 1990. *Money, Method, and the Market Process*. Norwell, Mass.: Kluwer Academic Publishers.

Wallerstein, Immanuel. 2018. "Read Karl Marx! A Conversation With Immanuel Wallerstein," available at https://marx200.org/en/blog/read-karl-marx-conversation-immanuel-wallerstein.

Wan, Poe Yu-ze. 2011. *Reframing the Social: Emergentist Systemism and Social Theory*. Aldershot, England: Ashgate Publishing.

Wan, Poe Yu-ze. 2012. "Analytical Sociology: A Bungean Appreciation," *Science & Education*, 21(10): 1545-66.

Wan, Poe Yu-ze. 2013. "Dialectics, Complexity, and the Systemic Approach: Toward a Critical Reconciliation," *Philosophy of the Social Sciences*, 43(4): 411-52.

Weeks, John. 2010. *Capital, Exploitation, and Economic Crisis*. London: Routledge.

Went, Robert. 2002. *Enigma of Globalization: A Journey to a New Stage of Capitalism*. London: Routledge.

Wheen, Francis，2017，《遊蕩世界的幽靈：馬克思，《資本論》的誕生》，台北：聯經，陳均逢譯，萬毓澤審校，台北：聯經。

Wippermann, Wolfgang. 2008. *Der Wiedergänger. Die vier Leben des Karl Marx*. Vienna: Kremayr & Scheriau.

Wood, Allen W. 2004. *Karl Marx*. 2nd edition. New York: Routledge.

Wood, *Ellen Meiksins*. 1984. "Marxism and the Course of History," *New Left Review*, 147: 95-107.

Woodhouse, John (ed.) 1997. *Dante and Governance*. New York: Oxford University Press.

聯經文庫
《資本論》完全使用手冊：版本、系譜、爭議與當代價值

2023年1月二版　　　　　　　　　　　　　　　　定價：新臺幣320元
2023年3月二版二刷

著　　　者　萬　　毓　　澤
叢書編輯　張　　　　　擎
內文排版　極翔企業有限公司
封面設計　兒　　　　　日

出　版　者　聯經出版事業股份有限公司
地　　　址　新北市汐止區大同路一段369號1樓
叢書主編電話　（02）86925588轉5305
台北聯經書房　台北市新生南路三段94號
電　　　話　（02）23620308
郵政劃撥帳戶第0100559-3號
郵撥電話　（02）23620308
印　刷　者　世和印製企業有限公司
總　經　銷　聯合發行股份有限公司
發　行　所　新北市新店區寶橋路235巷6弄6號2樓
電　　　話　（02）29178022

副總編輯　陳　　逸　　華
總編輯　涂　　豐　　恩
總經理　陳　　芝　　宇
社　長　羅　　國　　俊
發行人　林　　載　　爵

行政院新聞局出版事業登記證局版臺業字第0130號

本書如有缺頁，破損，倒裝請寄回台北聯經書房更換。　　ISBN　978-957-08-6737-4 (平裝)
聯經網址：www.linkingbooks.com.tw
電子信箱：linking@udngroup.com

國家圖書館出版品預行編目資料

《資本論》完全使用手冊：版本、系譜、爭議與當代
價值/萬毓澤著 . 二版 . 新北市 . 聯經 . 2023.01 .
216面 . 14.8×21公分（聯經文庫）
ISBN 978-957-08-6737-4（平裝）
[2023年3月二版二刷]

1. CST：資本論 2. CST：研究考訂

550.1863 111021946